개미 5년, 세후 55억

가장이기에 투자에 진심인
어느 아빠의 주식투자 이야기

스윙트레이더 성현우 지음

모루

"

평소 지론으로 생각해온 진심을 다한 투자, 공부가 뒷받침된 투자, 그리고 부를 일구어 모두에게 선한 영향력을 끼치려는 저자의 솔직한 고백이 놀랍고, 또 반갑다. 이 책은 많은 분들에게 귀감이 되고, 특히 젊은 투자자들에게 희망의 롤모델이 되는 투자 이야기라고 생각한다. 독자 여러분에게 일독을 권한다.

"

《평생 부자로 사는 투식투자》 저자
슈퍼개미 남석관

"

한 종목에 30억이나 투자할 정도로 과감하지만, 그의 투자는 무모하지 않다. 독하지만 그의 말에는 따뜻함이 묻어 있고, 간절하지만 그의 행동에는 여유가 묻어 있다. 투자 5년 만에 세후 55억 원을 번 결과가 아닌 이 책에 담긴 성현우 저자의 과정에 주목한다면, 우리의 투자 결과도 조금은 더 희망적이지 않을까 생각한다.

"

100만 구독자 〈김작가 TV〉 채널 운영자
김도윤 작가

개미투자 5년의 기록

전세대출 2억 원에서 강남 34평 아파트까지

'노동수익은 자본수익을 따라갈 수 없다!'

2017년 초여름쯤이었던 것 같다. 머릿속에서 저 문구가 떠나질 않았다. 39살, 정신없이 달려온 내 인생에서 무엇을 가졌는지 돌아보았다. 결혼을 했지만 수중에 돈이 없어 전세대출 2억 원으로 얻은 안양의 20년 된 아파트(25층 옥탑방 18평 전세)와 봉직 1년 후 개원한다고 융통한 마통(마이너스통장) 대출 1억 원을 더해 총 마이너스 3억 원. 그리고 28살에 회사를 그만둔 후 의전원 4년, 인턴 1년, 레지던트 4년, 총 9년 만에 취득한 소아과전문의 자격증이 전부였다. 자산은커녕 빚만 가득이었고 한숨이 절로 나왔다. 물론, 토끼 같은 마누라와 눈에 넣어도 아프지 않은 딸도 있었다. 게다가 아내는 둘째까지 임신한 상황이었는데, 가장으로서 어깨가 무거울 수밖에 없었다.

레지던트 시절에는 전문의 자격증만 따면 꽃길이 펼쳐질 줄로만 알았다. 그러나 막상 전문의 자격증을 따고 봉직 1년, 개원의 6개월을 하면서 느낀 점은 인생이 그리 호락호락하지 않다는 좌절과 허탈감이었다. 시간을 더 거슬러 올라가, 21살 무렵엔 코넬 대학교만 졸업하면 성공이 보장될 거라 믿었고, 공군통역장교로 군복무를 마친 후 삼성전자에 입사했을 때만 해도 내 인생이 탄탄대로일 거라고 생각했다. 늘 열심히 노력하며 달려갔지만, 막상 도착해보면 눈앞에 다가온 나의 현실은 막연히 꿈꾸던 이상과 전혀 다른 생경한 모습이었다. 막연히 아이들이 좋아 선택했던 소아청소년과 레지던트 시절에는 비록 수련 과정이 힘들기는 했지만 전문의만 따면 그래도 명색이 의사니까 먹고 살 걱정은 안 할 줄 알았다. 흔히 경제학을 두고 '경제 주체들의 효율에 대해 공부하는 학문'이라고 정의한다. 그러나 정작 경제학을 전공한 나는 먼 길을 돌고 돌아 가장 비효율적인 삶을 살고 있었다.

보험과 진료는 나라에서 정한 수가(酬價)를 청구하다 보니 환자 1명을 진료하면 들어오는 돈이 뻔하다. 수십 년째 수가는 제자리인 반면에 물가와 임대료, 인건비 등은 가파르게 올랐다. 따라서 나와 비슷한 처지의 소아청소년과 의사들은 울며 겨자 먹기 식으로 생계를 위해 더 많은 환자를 진료해야 하는 상황에 몰린다. 비급여 진료를 하는 비보험과 의사들은 점점 부자가 되는데, 사람 살리겠다고 보험과를 전공한 의사들은 상대적으로 점점 더 가난해진다. 아침 9시부터 저녁 9시까지 노동시간을 늘려 하루 꼬박 12시간 동안 성실히 환자를 돌보는 수많은 의사들은 역설적으로 자신의 몸이 망가져가는 걸 견뎌내며 고단한 삶을 살아간다. 그것이 현실이다. 가족을 부양하겠다고 365일 병원을 운영하며 환자를 돌보다 무리해서 몸 망가지고, 심지어 암에 걸린 동료 의사들을 숱하게 봐왔다. 우스갯소리로 집안에 교수가 나오면 부모만 좋고, 의사가 나오면 마누라만 좋아한다고 하지 않던가.

이런 푸념에 혹자는 '의사가 배부른 소리나 한다!'고 말할 수도 있을 것 같다. 그러나 내가 직접 겪은 평범한 보험과 개원의의 생활은 화려한 삶과 거리가 멀다. 우리도 그저 타임푸어(Time poor) 자영업자일 뿐이다. 엎친 데 덮친 격으로 우리나라 출생률은 OECD 국가 중 최하위 수준이다 보니 소아청소년과 의사들은 맥이 빠진다. 과거엔 비록 수가가 낮아도 환자 수, 즉 박리다매로 승부를 볼 수 있었지만 이젠 그마저도 힘들어졌다. 내가 진료로 벌 수 있는 돈은 줄면 줄었지, 더 늘 것 같지 않았다. 또 최근 2년간 코로나-19 여파로 소아청소년과 병원들이 직격탄을 맞았다. 매출이 70%나 떨어져 운영비조차 벌기 힘든 병원, 폐업하는 병원이 늘었고 나의 고민도 하루하루 깊어져갔다. 직원과 원장이 버는 돈이 평등한, 마르크스나 레닌도 완성하지 못한 유토피아를 나는 소아과를 운영하며 완성해가고 있었다.

직업이 의사니까 먹고 살 걱정은 안 할 줄 알았지만, 현실은 이상을 채워주지 못했다. 평범한 회사에 다니며 꼬박꼬박 월급을 받는 직장인들이 부럽기도 했다. 가끔씩은 '내가 의료계의 소상공인인 소아청소년과 전문의가 아닌 잘 나가는 비보험과 의사였다면 주식을 그렇게 열심히 했을까?'라는 생각도 해본다. 내가 주식투자를 하게 된 건 어쩌면 운명이었을까?

'노동자에서 자산가로'

장마철만 되면 장판 아래에 습기가 차 곰팡이가 피고, 겨울엔 얇은 섀시에 결로가 얼어 고드름 폭포가 생기는 오래된 25층 옥탑방 아파트에서 나는 열심히 계산기를 두드렸다. 내가 1년간 노동으로 버는 수입에서 저축할 수 있는 돈이 얼마일지, 그 돈으로 빚을 다 갚은 후 다시 돈을 모아 서울에 우리 가족의 보금자리 30평대 국민평수 아파트를 사려면 몇 년이나 걸릴지를 말이다. 몇 날 며칠 계산기를 두드려도 답이 안 나왔다. 집값은 계속 치솟을 테고, 나는 종잣돈을 모으기는커녕 빚도 못 갚는 처지였다. 빚 갚다 세월 다 지나고, 그 사이에 집값은 더 오를 것이고… '이번 생에는 내집 마련이 불가능하다!'는 답이 나왔다. 그때 '이대로는 안 되겠다. 뭐라도 해야겠다!'는 생각이 차올랐다.

병원을 운영하며 다른 사업을 벌이자니 그럴 시간도 없고, 좋으면 좋고 싫으면 싫은 성격 탓에 사업을 잘 해낼 자신도 없었다. 그럼 부동산은 어떨까? 이 또한 늘 진료실에 붙잡혀 있다 보니 여유롭게 부동산 임장을 둘러볼 시간은 제쳐두고서도 자본금이 턱없이 부족했다. 그러던 어느 날, 코넬 대학교 경제학부 2학년 시절 6개월 정도 회계수업 시간에 딱 한 번 해본 주식이 생각났다. 당시 학비의 절반은 아버지가 근무하시던 회사에서 나오는 장학금으로 충당할 수 있었지만, 나는 늘 돈이 부족한 유학생이었다. 마침 그 무렵, 갖고 싶은 중고 골프채가 있었는데, 부모님께 손 벌리기가 송구스러워 학교 근처 한국식당에서 아르바이트를 했고, 시간당 급여와 팁을 모아 400달러를 만들었다. 그 돈으로 단기투자를 해서 두 달 만에 600달러로 불릴 수 있었다. 그렇게 마련한 돈으로 맥그레고르 중고 골프채를 산 기억이 떠오른 것이다!

대학 시절 이후, 나는 주식계좌를 열어본 적도 남들처럼 재테크를 열심히 공부한 경험도 없었다. 마음먹은 김에 주식계좌를 열고, 종잣돈 1,000만 원을 입금한 후 서둘러 서점으로 갔다. 그리고 눈에 띄는 주식투자 책을 양손 가득 들고 돌아와 읽기 시작했다. 큰 부자가 되겠다는 생각이나 주식투자의 고수가 되겠노라는 마음도 없었다. 그저 막연히 '나의 노동수입에서 주식투자 수입이 더해지면 오늘보다 나은 내일이 될 수 있으려나? 대한민국 가장들의 꿈! 부모 도움 없이 내 힘으로 서울에 집 한 칸 마련하는 꿈이 조금 빨라지려나?'라는 생각만 가득했다.

주식 말고는 답이 없다는 절박한 심정으로 투자를 시작한 지 그렇게 5년이 흘렀다. 그러는 사이 코로나가 세상을 덮쳐 개원가는 더욱 버티기 힘들어졌고, 늘어나는 적자에 병원의 존폐를 걱정하는 병원들도 늘어났다. 나는 '노동자에서 벗어나 자산가로 살겠다'는 결심으로 주식투자에 발을 디뎠다. 물론 중간에 떠올리기 싫은 실패도 있었지만, 그때마다 오뚝이처럼 일어났다. 불과 5년 전, 전세대출과 마통 대출을 합쳐 마이너스 3억 원, 게다가 최하위 신용등급 빚쟁이 신세에서 2021년 늦여름 서울 강남에 대출 없이 국민평수 아파트의 주인이 됐다. 그리고 이제 더 이상 환자 수나 진료 수익에 일희일비하지 않을 정도의 자산도 일구었다. 되돌아보면 이 모든 결과가 큰 행운이었음을 부인할 수 없다.

많은 분들이 오해하실까 봐 밝히지만, 의사라는 본업도 5년간 주 6일 열심히 임했다. 병원을 운영하며 어떻게 주식투자로 큰 수익을 낼 수 있었는지 궁금해하실 분들이 많을 것으로 안다. 자세한 내막은 본문에서 밝히겠지만, 매일 진료를 봐야 하는 상황에 걸맞은 필자 나름의 투자법을 오랜 시행착오를 거쳐 완성할 수 있었다. 이는 아마도 직업을 가진 투자자들에게 도움이 될 만한 이야기일 것 같다. 길면 길고, 짧을 수도 있는 5년 만에 신용불량 빚쟁이에서 서울 강남 34평 아파트의 주인이 되었지만, 아직도 실감이 안 난다. 막연히 꿈꾸었던 내 집 마련이 5년 만에 이루어질 거라곤 꿈에도 생각 못했다. 나처럼 빚만 잔뜩 떠안은 누군가가 5년 전, '5년 안에 서울 강남에 30평대 아파트를 사겠다!'고 말한다면 정신 나간 사람이란 소리를 듣기 쉬웠을 것이다. 수십 억 원이 넘는 강남의 아파트를 대출 없이 산다는 건 거의 불가능한 일이 아닌가.

　그런데 불가능할 것으로 생각한 일이 나에게 일어났다. 주식투자를 한답시고 종잣돈을 키우느라 전세도 아닌 월세를 5년간 전전하던 기억이 새록새록하다. 집사람은 어린 딸 둘을 데리고 월셋집을 구하러 다니다가, '애 둘씩이나 딸린 여자가 애들 데리고 이집 저집 구하러 다니는 중!'이라는 어느 중개인의 비아냥거림을 나는 먼발치에서 듣기도 했다. 집이 없어 서러운 심정은 겪어본 사람만 안다. 나는 그런 비아냥을 들으며 진짜 간절한 마음으로 반드시 내집을 마련하겠다고 마음속에 칼을 갈았다.

　그리고 마침내 주식투자로 큰 수익을 내서 대출 없이 온전히 마련한 내집! 계약금을 송금하던 날, 월셋집으로 귀가하던 차 안에서 그간 눌러 참았던 눈물이 터져 나왔다. 서러웠던 날들의 기억과 기쁨의 감정이 동시에 폭발한 것이다. 그러다 문득 내가 겪은 5년간의 주식투자 성과와 실패, 그리고 적잖은 경험들이 예전 나와 비슷한 처지에 놓인 분들에게 도움이 될 수 있을 거라고 생각했다. 그래서 샘플 원고를 만들어 출판사 문을 두드렸다.

　우리는 주식을 하면서 모두 다른 꿈을 꾼다. 누군가는 주식으로 돈을 벌어 자녀의 학비에 보태려 한다. 누군가는 주식으로 번 돈으로 멋진 차를 사고 싶을 것이다. 또 다른 누군가는 주식으로 큰 수익을 내서 내집 마련의 꿈을 꾼다. 마치 내가 5년 전에 그랬던 것처럼 말이다.

저마다 꿈의 모습은 다르지만, 주식을 투자하는 사람들에겐 지금보다 한걸음 더 나은 미래를 꿈꾼다는 공통점이 있다. 우리는 오늘보다 더 나은 내일, 지금보다 더 나은 미래를 위해 주식투자나 재테크가 필수인 시대를 살고 있다. 필자의 지난 5년간의 주식투자 경험, 노하우, 기록이 주식투자로 미래를 꿈꾸는 대한민국 가장들의 무거운 어깨를 조금이나마 가볍게 해주는 하나의 방법론이 되기를 기대하며 이 책을 썼다.

2021년 겨울
스윙트레이더 성현우

개미 5년, 세후 55억

차례

1장
너 자신을 알라

2장
인생도, 주식도 결국은 타이밍 싸움

3장
스윙트레이더의 원샷 원킬,
스나이퍼 매매법

4장
Mr. John bur(존버)의 기술

5장
매도의 기술

6장
승부를 완성해주는 자기관리

1장 _____

너 자신을
알라

나만의 매매법을 만들고 실전에 적용하라

의사가 본업인 나는 오랜 시간 나만의 주식투자 스타일을 고민했고, 3가지 조건(투자기간, 종목 선정, 수량)에 부합한 매매법을 찾아 실전에 적용했다.

- 나에게 맞는 시간 프레임 → 중기투자가 적합
- 나에게 맞는 종목 선정 → 시장주도주, 관심주, 턴어라운드주 등이 적합
- 나에게 맞는 수량, 종목과 지수 → 1종목에 집중 투자가 적합

위 3가지 조건을 취합하니 결론이 나왔다. 영화 〈주유소 습격사건〉에 등장하는 유오성의 대사처럼 '한 번에 한 놈만 골라 작정하고 패기'로 했다. 실제로 이렇게 투자하니, 1종목을 골라 한 달에서 6개월간 투자하는 중기스윙이 나에게 가장 적합했고, 실적도 좋았다.

사람들의 관심에 돈이 몰린다

'주식 좀 해보려는데, 어떤 책을 읽는 게 좋아요?'
'어떻게 해야 주식을 잘 할 수 있죠?'

주변에서 가장 많이 듣는 질문이다. 필자 역시 주식을 시작하던 무렵엔 주식의 속성이나 관련 정보들에 목말랐다. 그러나 주변에는 도움을 청할 만한 사람이 없었다. 주식투자로 망했다는 사람은 많아도, 돈을 벌었다는 사람은 주변에 한 명도 없었다. 어릴 때부터 책 읽기 좋아했던 나는 요즘도 투자와 관련 있는 책들을 비롯하여 인문학, 경제경영 서적들두 주기적으로 사다가 읽는 편이다. 서점에 들러 잘 팔리는 책들도 훑어보고, 사람들이 관심을 보이는 분야의 책들도 살핀다. 초등학교 5학년 때였던가? 집 앞 발산동에서 66번 좌석버스를 타면 매캐한 최루탄 냄새로 가득한 연대 앞을 지나 광화문 교보문고에서 내릴 수 있었다. 서점에서 한두 시간씩 이 책 저 책 읽는 일이 나름 즐거움이었다. 그러다가 마음에 드는 책 한 권 골라 벅찬 마음으로 집으로 돌아오곤 했다.

세상에는 많은 분야의 책들이 헤아릴 수 없을 정도로 많다. 하지만 아무리 좋은 책일지라도 찾는 이가 없고, 읽는 사람이 없다면 소용없다. 주식도 마찬가지다. 아무리 좋은 주식일지라도 매수자가 없고, 시장이 알아주지 않으면 무용지물이다. 물론, 소장용으로서의 가치는 있겠으나 우리는 돈을 벌고자 주식투자를 하는 것이지 주식을 소장하려고 하는 건 아니지 않은가. 사실, 세상만사가 주식과 밀접한 관련이 있다. 사람들이 어떤 책에 손이 가고, 그 책을 사기 위해 지갑을 열까? 그 원동력은 관심이다. 나는 때때로 집 근처 강남 교보문고에 들러 베스트셀러 목록을 살피고, 사람들이 어떤 책들에 관심을 갖는지를 유심히 지켜본다.

자본주의 사회에서는 관심이 곧 돈이다. 사람들은 관심에 대한 갈증을 책으로 푼다고 생각한다. 또 지금 이 시대를 이끌어가는 트렌드를 알고 싶다면 포털 뉴스나 일간지뿐만 아니라, 베스트셀러를 살펴보는 것도 많은 도움이 된다. 가령, 재테크 책이 인기를 끌면 키워드가 돈이고, 인문학이 열풍이라면 왜 사는지가 사회적 화두다. 정치서적이 잘 팔리면 대선, 총선이 다가왔다는 의미다. 주식투자자라면 대중의 관심이 어디로 향해 있는지를 예의주시하고 간파해야 한다. 사람들의 관심이 곧 돈이기 때문이다.

관심을 어떻게 돈으로 만들지는 본문에서 차근차근 밝힐 예정이며, 필자가 주식투자를 하면서 도움받은 책 몇 권을 간략히 소개하는 것으로 이야기를 시작해보고자 한다.

주식투자에 도움받은 책들

사람마다 취향이란 게 있다. 나는 현존하는 투자의 귀재, 현인이라 불리는 워런 버핏(Warren Buffett)의 책에는 손이 가질 않았다. 책장 넘기기조차 버거웠다. 오히려 오래전에 출간되어 남들이 잘 안 읽는 1930년대 월가의 전설 제시 리버모어(Jesse Livermore)의 《주식 매매하는 법》과 《회상》, 그리고 조지 C. 셀든(George Charles, Selden)의 《주식시장의 심리학》, 필립 피셔(Philip Fisher)의 《위대한 기업에 투자하라》 등에 꽂혔다. 그리고 일본의 괴짜 투자자 이야기를 소개한 《고레카와 긴조(일본 주식투자의 신)》와 국내 책 중에서는 《주식투자가의 시선》을 흥미롭게 읽었다.

돌이켜보면 주식투자를 결심한 후 대중에게 익숙한 주식투자, 재테크의 고전을 많이 읽으려고 한 것 같다. 투자를 시작한 후 처음 3년 동안, 1년에 30권 이상 거의 100권에 달하는 주식 책을 틈날 때마다 읽었다. 그리고 서점의 주식 책 코너에도 들러 더 읽을 만한 주식 신간이 있는지를 살펴보곤 했다. 그러나 구슬이 서 말이라도 잘 꿰어야 의미가 있듯, 책이란 게 나한테 와닿고 특히 실전매매에 도움이 되어야 한다. 아무리 책을 많이 읽었더라도 주식을 잘하는 것과는 별개 문제일 것이다. 그래도 주식투자 책 읽기는 알게 모르게 우리가 투자의 사를 결정하고 사고하는 데 큰 영향을 준다. 그래서 나는 요즘도 주식 농장에 좋은 거름을 뿌린다는 생각으로 꾸준히 주식투자 책들을 사다가 읽는다.

사람들이 주식투자, 재테크의 고전 또는 베스트셀러라고 말하는 책들 중 필자가 가장 감명받고, 지금의 매매 스타일을 찾는 데 큰 영향을 준 책이 있다. 앙드레 코스톨라니(André Kostolany)의《돈, 뜨겁게 사랑하고 차갑게 다루어라》이다. 이 책은 지금도 내가 힘들 때, 매매가 꼬일 때마다 책장에서 꺼내 다시 읽는 투자의 고전이다. 실전 트레이더로 수십 년간 유럽과 미국시장을 누빈 앙드레 할아버지의 투자철학과 인사이트는 많은 이들을 매료시켰다. 이 책에서 가장 유명한 이야기는 '코스톨라니의 달걀 투자모형'일 것이다(그림 1 참조).

나는 때때로 내가 바보인지, 흥분한 군중인지를 되돌아본다. 주식투자는 외로운 일이다. 특히 떨어지는 주식을 매수할 때면 세상에서 가장 고독하다고 느낀다. 요즘엔 주식투자 정보를 공유하는 투자 동호회나 카페가 많고, 이런 곳에서 정보를 공유하며 함께 투자하는 분들도 많다. 물론 고독한 매매는 피할 수 있겠지만, 필자 생각엔 주식

<그림 1> 앙드레 코스톨라니의 달걀 투자모형

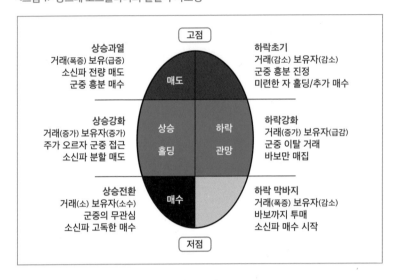

투자는 조금은 고요한 게 시끄러운 것보다 낫다고 본다. 주식을 사고 팔 때 감정에 휩쓸리면 실패하기 쉬우며, 군중에 노출되면 노출될수록 그들의 사고방식과 감정에 영향을 받기도 한다.

에피소드를 하나 소개하자면, 나도 투자 초기에는 주식 좀 한다며 어깨에 힘이 잔뜩 들어가 있었다. 주식투자 동호회 게시판 같은 곳에 종목 한두 개 올리고는 고수 노릇, 대장 놀이를 즐기기도 했다. 네이버 주식 게시판에서는 개미들 손해 안 보게 한답시고 세력 알바(?)들과 갑론을박 싸워가며 난리도 쳐보았다. 하지만 그런 활동이 주식투자에 1도 도움이 안 됨을 깨닫고는 더 이상 글을 올리지 않는다(그저 가끔씩 개미들을 골탕 먹이려는 세력 알바들이 어떻게 혹세무민하는지 궁금해서 들여다보는 정도다).

수익이 좀 나면 선생님! 사부님! 하고 따르다가 막상 돈 좀 잃으면 바로 동물의 자식으로 부르는 곳이 이 동네다. 필자도 치기 어린 시절엔 종목이나 시장의 방향을 예측해 맞으면 마치 고수라도 된 듯 어깨에 힘 좀 주고 다니던 때가 있었다. 그러나 언제부턴가 함부로 시장의 방향에 대해 말하지 않는다. 솔직히 말하자면, 잘 모르겠다. 주식시장에서 내가 알 수 있는 건 시세도 방향도 아닌, 내 마음 하나뿐이었다. 그래서 지금은 종목이나 장의 방향성에 대해 함부로 입을 놀리지 않는다. 각설하고, 코스톨라니 달걀 모형의 핵심 이야기는 이렇다.

'세상 모든 것은 사이클이 있고, 주식은 아무도 관심을 가지지 않을 때 용기를 내어 매수할 수 있는 소신과 남들이 흥분할 때 던질 수 있는 자기 절제를 갖춘 자만이 살아남는다.'

주식에 뛰어든 개미들의 계좌 중 95%가 마이너스인 반면, 수익이 난 계좌는 5%에 불과하다는 말이 있다. 참고로 옛날에 어떤 실전투자대회에 참가한 1,500명 가운데 아무것도 하지 않은 사람이 50등을 차지해 화제가 된 적도 있다. 사실 세상의 모든 투자의 기본은 싸게 사서 비싸게 파는 일이다. 어떤 때 쌀까? 두려움과 공포가 가득할 때다. 그렇다면 어떤 때 비쌀까? 시장에 탐욕이 가득 차 있을 때다. 어쩌면, 성공한 투자기는 공포와 마수하고 탐욕과 이별할 줄 아는 사람일 테지만, 그것은 인간 본성에 어긋나는 일이기에 매우 극소수의 사람들만 성공한 투자자로 남는 걸 수도 있다.

필자의 주식투자에 큰 영향을 미친 책이 또 있다. 혼마 무네히사(本間宗久)의 《거래의 신, 혼마 무네히사 평전》이다. 캔들차트(봉차트)의 창시자 혼마 무네히사의 삶과 시세에 대한 탐구정신, 그리고 인사이트가 나의 투자에 적잖은 영향을 주었다. 300년 전인 18세기에 그는 주식이 바닥에서 어떻게 움직이는지('삼천' 개념)와 주식이 고점에서 어떻게 움직이는지('삼산' 개념)를 통찰했다.[1]

혼마가 일일이 쌀의 시세를 종이에 그려가며 알아차렸다는 것에 경의를 표할 수밖에 없다.

무려 300년 전, 그가 설명한 '삼천'과 '삼산' 개념은 지금도 시장에서 적용된다. 기술이 발달하고 세상이 바뀌었어도 시세를 만드는 사람들의 심리는 예나 지금이나 변한 게 없기 때문이다. 그 시절, 쌀 시세 선물을 거래하던 이들도 오늘날 21세기 개미들과 똑같은 실수를 했다. 다만, 거래의 형태만 바뀌었을 뿐 본질은 변하지 않았다. 다음은 투자에 실패한 혼마 무네히사가 절에 들어가 빈둥대며 쉴 때 한 스님과 나눈 대화라고 한다.

"자네 누워서 무엇을 하고 있나?"

---

1 **혼마의 사케다 전법** : 혼마 무네히사(1717~1803년)는 일본 에도시대 때 신출귀몰한 거래로 일본 경제를 뒤흔든 거상이며 지금도 거래의 신(神)으로 불린다. 쌀 거래를 통해 거부가 된 그는 인간의 심리와 시장 에너지를 캔들차트로 나타냈다. 그가 개발한 전법은 심리와 투자 타이밍에 대한 근본적인 이해를 담고 있다. 사케다 전법은 삼산(三山), 삼천(三川), 삼공(三空), 삼병(三兵), 삼법(三法)으로 구성되며 그중 삼산, 산천, 삼공은 패턴 분석 중 가장 신뢰도 높은 HEAD & SHOULDER 및 GAP 등과 그 모양을 같이하여 신뢰도가 높다. 《거래의 신, 혼마 무네히사 평전》(이레미디어) 69쪽 참조.

<그림 2> 혼마 무네히사의 삼산

매도 시점

목선
(Neck line)

<그림 3> 혼마 무네히사의 삼천

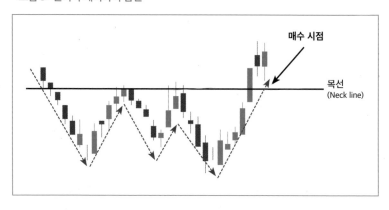

매수 시점

목선
(Neck line)

"달리 할 일도 없고 해서 그냥 누워 있지요"

"이리 와보게, 저기 저 깃발이 보이는가?"

스님은 손으로 남 너머 펄럭이는 깃발을 가리켰다.

"예."

"자네는 저 깃발이 왜 흔들린다고 생각하나?"

"그거야 바람이 불어대니 흔들리는 거지요"

"그거 말고, 다른 대답을 말해보게."

"그게… 세상의 기 흐름 때문이 아닐까요?"

스님은 혼마 무네히사의 얼굴을 물끄러미 바라보며 말했다.

"저 깃발이 흔들리는 건, 자네 마음이 흔들리기 때문이네."

스님의 이야기에 혼마 무네히사는 망치로 머리를 얻어맞은 듯 충격에 빠졌고, 깨달음을 얻었다. 이후 그는 단 한 번도 잃지 않고 큰 부를 이루어 '거래의 신'이라는 별명까지 얻었다.

혼마 무네히사를 만난 후, 필자는 가격이나 흔들리는 시세를 보기보다 내 마음 상태와 시장 조성자들의 마음을 읽어내려고 노력했다. '저 깃발이 흔들리는 건, 자네 마음이 흔들리기 때문'이라는 말의 뜻을 깨닫기까지 3년쯤 걸린 것 같다. 가끔은 '혼마 무네히사를 좀 일찍 만났더라면 어땠을까?'라는 생각도 해보지만, 아무리 좋은 선생도 학생 수준이 딸리면 소용없는 일이다. 인생은 나에게 필요할 때에 맞추어 적절한 수준의 가르침을 주는 것 같다. 혼마 무네히사를 만난 이후 나의 매매도 많이 달라졌다.

본격적인 주식투자 이야기에 앞서 몇 가지 책을 소개했다. 요즘엔 많은 분들이 주식투자 관련 정보를 유튜브 채널이나 주식방송에서 주로 얻는 듯하다. 그리고 시장의 방향을 예측하고 때때로 맞추는 일타 강사에 열광한다. 물론 트렌드로 자리 잡은 유튜브 채널, 주식방송으로 정보를 얻는 것도 나쁘지 않지만, 우리가 정말 주식에 진심을 가졌다면 적어도 주식의 고전이라 불리는 책 30권 정도는 정독하고 투자하는 것이 좋다고 생각한다. 나의 일천한 경험이 그렇다.

스윙트레이더 성현우의 **주식투자 리부트**

투자의 고전 반열에 오른 책들은 다 그만한 이유가 있다. 이런 책들을 손이 가는 대로 읽으며 매매하다 보면, 자연스럽게 나의 스타일이 만들어진다. 그렇다고 책만 읽고 투자하지 말라는 이야기가 아니다. 초보자가 처음부터 큰돈으로 투자하는 건 금기다. 그보다 1~3개월 치 월급 정도의 종잣돈으로 투자를 시작해보기를 권한다. 계좌를 열고, 일단 어떤 종목이든 매매해보자. 자신이 직접 매매를 해봐야 책에 적힌 내용이 무슨 뜻인지 이해할 수 있다. 매매도 해보고, 책도 읽고, 그 와중에 궁금한 내용이 있으면 관련 도서를 하나씩 읽으면서 시작하면 좋을 것 같다.

나는 2017년 초여름, 서점에서 구매한 몇 권의 주식 책과 그간 모아둔 종잣돈 1,000만 원으로 주식투자를 시작했다. 당시 셀트리온과 우량주 몇 개를 사고팔며 큰 재미를 못 보았다. 하지만 거의 1년 이상 책 읽기에 정성을 들였다. 그리고 2017년 가을 무렵 1,000만 원으로 시작한 계좌에서 6% 정도 마이너스가 났을 때, '이 정도면 더 많은 돈을 넣어도 크게 얻어터지지 않겠구나' 싶어 종잣돈을 늘려 본격적인 주식투자를 시작했다.

나에게 맞는 투자스타일 찾기

초등학교 3학년 때였다. 어느 날 아버지가 '남자가 큰일을 하려면 골프 정도는 칠 줄 알아야 한다!'고 말씀하시며, 내 손을 잡고 흔히 닭장이라 부르는 골프연습장에 데려가 레슨을 부탁했다. 우리가 부잣집도 아니고 차도 없던 시절이었다. 더군다나 정작 아버지는 골프를 칠줄도 모르셨다. 아버지가 왜 그런 생각을 하셨는지 지금 생각해도 참신기하다. 당시 서울에서 골프 배우는 초등학생을 다 모아봐야 한 트럭도 안 되었을 것 같다.

나는 아버지가 주문한 여성용 골프채를 잘라서 만든 7번 아이언을 들고, 발산동에서 버스로 무려 1시간이 걸리는(버스를 두 번 갈아탔다!) 등촌동 통합골프연습장에서 한두 시간씩, 석 달인가를 연습했다. 그러던 어느 날 아버지가 매우 심각한 얼굴로 물으셨다. '공부할래? 골프할래?' 나는 공부를 하겠다고 말씀드렸는데, 그렇게 말한 이유는 기사 딸린 고급 승용차로 연습장을 오가는 다른 아이들과 비교되는 건 논외로 하고, 우리 집 형편상 거액의 레슨비와 값비싼 골프용품을 감당할 수 없으리라는 걸 어린 마음에도 충분히 알 수 있었기 때문이다. 그래서 공부하겠다고 말씀드렸고, 그 길로 레슨을 관두었다. 아무튼 아버지 덕분에 나의 첫 골프 경험은 남들보다 좀 빠르긴 했다.

나는 지금도 휴일을 이용해 한 달에 한두 번씩 골프를 즐긴다. 그런데 가끔 TV로 프로들의 투어 경기를 보면, 선수들마다 자신만의 스타일이 있음을 알 수 있다. 더스틴 존슨, 브라이언 디셈보, 로리 맥길로이 같은 선수들은 장타로 코스를 공략한다. 반면 콜린 모리카와, 마쓰야마 히데키 같은 선수들은 정확한 아이언 샷으로 승부를 건다. 누가 맞고 틀리고는 없다. 둘 다, 모두 정답이다. 주식투자도 그렇다. 간혹 투자자들 중에는 '내 방법만 옳다'는 고정관념을 못 버리는 분들이 계신 듯하다. 하지만 주식투자에도 왕도는 없다. 나의 매매 스타일이 천하의 워런 버핏의 매매법과 안 맞으면 소용없다. 나는 맞고 너는 틀리다가 아닌, 나도 맞고 너도 맞을 수 있으며 또 나도 너도 모두 틀릴 수 있는 곳이 주식시장이다. 그래서 시장은 늘 겸손하라고 말한다.

누군가는 전업으로 주식을 하고, 누군가는 여윳돈으로 가끔 한 번씩 계좌를 열어보며 그냥 내버려두기도 한다. 이 시장이 흥미로운 점은 꼭 전업투자자가 유리한 것만은 아니라는 사실이다. 펀드매니저도 마찬가지다. 그들은 채울 종목이 없어도, 억지로라도 매매를 이어가야 한다. 그러나 우리 개미는 사고 싶을 때만 사고, 팔고 싶을 때 팔고 쉬면 그만이다. 그런 점에서 개미가 기관보다 훨씬 유리할 수도 있겠다. 나 역시 초보 시절에는 이것저것 많이 시도해보았다. 포트폴리오 구성도 해보고, 단타나 종가 베팅, 시초가 베팅 등 두루 경험해봤지만 결과는 신통찮았다. 그렇게 약 1년 넘게 시행착오를 겪었다. 본업이 있는 필자의 라이프스타일과 가장 잘 맞는 매매법은 스윙투자였다. 처음엔 단기스윙으로 며칠 정도 투자하는 전략을 취했는데, 아이들 진료와 병행하자니 스트레스가 컸다. 그래서 짧게는 한 달 길어도 6개월을 넘기지 않는 중기, 딱 1종목만 골라 집중하는 스윙투자가 마음 편했고 결과도 좋았다. 그래서 필명을 스윙트레이더라고 짓게 되었다. 필자의 본업은 의사다. 하루 10시간 가까이 진료실에서 환자들과 만난다. 진료를 하는 의사가 단타에 몰입한다는 건 주식투자에서 자살 행위다. 환자와 주식 두 마리 토끼를 모두 놓칠 수밖에 없다.

직장인도 마찬가지일 것이다. 대부분의 직장인은 시간에서 자유롭지 못하니 시장을 계속 들여다볼 수 없다. 따라서 직장인이라면 분산투자나 중장기투자가 한결 더 마음 편할 것 같다. 시장이 흔들리는데 단타를 치고선, 아침 회의에 들어가 부장님한테 깨지고 나와 보니 주식계좌 역시 덩달아 박살난 경험을 한두 번쯤 해보지 않았던가. 남 몰래 화장실 변기에 앉아 시퍼렇게 멍든 잔고를 보며 핸드폰 MTS 꺼내들고 한숨 쉬던 경험을 직장인 투자자라면 누구나 해봤을 것이다.

주식투자가 잘 되려면 마음이 편해야 한다. 그래야 심리적 여유가 생긴다. 또 주식투자는 자신의 라이프스타일과도 맞아야 한다. 환자를 만나 진료상담을 하는 내가 단기투자를 안 하는 이유도 진료에 방해가 되기 때문이다. 시시각각 변하고 바뀌는 시세를 쫓다간 환자도 놓치고, 주식도 망할 수밖에 없다. 둘 다 잘하려다 둘 다 잃기 십상이다. 마찬가지로 만약 여러분이 직장인이라면 단타를 아예 안 할 수는 없겠지만, 자신의 라이프스타일에 맞는 매매법을 차근차근 만들어가야 한다. 자칫 일에 소홀해져 직장도 잃고, 주식투자를 망칠 공산도 크다.

단기투자는 적은 금액을 가능한 빠른 시간에 회전시켜 수익률을 불리는 데 유리하지만, 나는 종잣돈을 키워 집을 마련하는 게 목적이었다. 자금을 빠르게 회전시키는 매매는 나의 투자 목적과 어울리지 않았다. 의사가 본업인 나와 잘 맞는 투자 스타일을 오랜 시간 고민했다. 그리고 3가지 조건(투자기간, 종목 선정, 수량)에 부합한 매매법을 찾게 되었다.

- 나에게 맞는 시간 프레임 → 중기투자가 적합
- 나에게 맞는 종목 선정 → 시장주도주, 관심주, 턴어라운드주 등이 적합
- 나에게 맞는 수량, 종목과 지수 → 한 종목에 집중 투자가 적합

위의 3가지 조건을 취합하니 결론이 나왔다. 영화 〈주유소 습격사건〉에 등장하는 유오성의 대사처럼 '한 번에 한 놈만 골라 작정하고 패기'로 했다. 실제로 이렇게 투자하니, 한 종목을 골라 한 달에서 6개월간 투자하는 중기스윙이 가장 적당했다. 이 매매 스타일을 갖추기까지 2년쯤 걸린 것 같다. 나이가 들면 자신의 약점을 보완하기보다

자신의 강점을 살려야 성공한다고들 말한다. 약점을 커버하려면 많은 시간이 들 것이 뻔한데, 장점 살리기에도 시간이 모자라다. 투자자마다 성향이 있고, 그런 성향에 맞추어 자신의 장기를 살리는 게 투자성공으로 가는 길이다.

특히 개미투자자라면 기관이나 외국인 투자자와 비교했을 때 개미만의 강점을 파악해 그 장점을 최대한 살려 매매하는 게 승률을 높이는

스윙트레이더 성현우의 주식투자 리부트

유튜브나 증권방송 등에서 추천하는 종목에 투자하기보다는 자신에게 익숙하고 잘 이해할 수 있는 섹터, 산업군의 종목부터 유심히 살펴보자. 나에게 익숙한 섹터의 흐름, 수익의 변화를 파악했다면 그런 종목부터 매매해보자. 그런 다음 평소 관심을 가진 분야로 가지치기를 해볼 것을 권한다. 그리고 그 안에서 포트폴리오를 만들어 분산투자를 할지, 될 성싶은 기업 한두 종목만 골라 중기 또는 장기로 갈지를 결정하자. 그렇게 경험을 쌓아가며 자신만의 매매 스타일을 만들어가기를 권한다. 많은 분들이 주식투자가 어렵다고들 말하지만 필자의 경험에 따르면, 투자는 단순할수록 좋다고 생각한다.

주식도 투자자 저마다의 스타일이 있다. 따라서 자신의 라이프스타일을 고려해 수익이 나는 매매법 찾기부터 만들어야 한다. 매매 스타일 찾기는 남이 아닌 자신이 직접 해보면서 완성해가는 것이 좋다. 직장인은 일하기 바쁘고, 전업주부라면 아이 챙기기도 버겁다. 스타일이 다르니 남들이 강조하는 매매법이 잘 통할 리 없다. 자신에게 어울리지 않는 옷을 입으면 내내 신경 쓰이고 불편할 뿐이다.

길이다. 가령, 기관이 대형 우량주에 투자했다면 투자한 물량이 많아 하루 이틀 안에 그 종목을 정리할 수 없다. 그러나 개미는 언제든 물량을 뺄 수 있다. 또 기관은 의사결정에 오랜 시간이 걸리지만, 개미는 신속히 투자를 결정할 수 있다. 이 또한 개미투자자만의 장점이 된다.

주식시장이 재미난 건 무척 다양한 모습으로 수익을 낼 수 있다는 점이다. 단타와 급등주로 승부를 거는 투자자, 스캘핑이나 선물옵션으로 승부를 보는 투자자, 또는 긴 호흡으로 농사를 짓듯 투자하는 분들도 있다. 또 성장주를 좋아하는 사람, 바이오주만 전문으로 투자하는 사람도 있다. 주식을 하다 보면 유난히 본인에게 수익을 잘 주는 섹터나 종목이 있는데, 이 역시 흥미롭다. 만약 여러분이 직장인이라면 돈 되는 정보를 멀리서 찾을 게 아니라, 자신에게 익숙한 섹터부터 살펴보고 투자하는 것도 나쁘지 않다. 일례로, 항공사 승무원인 외사촌 동생이 언젠가 주식투자 조언을 구했다. 어떤 종목을 사야 좋을지 모르겠다고 털어놓는 동생에게 필자는 항공사, 여행사, 면세점 주식 중 마음에 드는 종목을 사보라고 말했다.

"저런 주식들은 나보다 네가 더 잘 알잖니? 요즘 항공이나 여행 업계 분위기가 어떤지, 면세점에 사람이 많은지 적은지는 진료실에 앉아 있는 나보다 네가 더 잘 알 것 같은데… 당장 사라는 건 아니고 잘 지켜보다가 싸다 싶으면 한 번 사보면 어떨까?"

남들이 하지 말라는 건 다 해봤다

나는 어릴 때부터 호기심이 많았다. 태권도, 합기도, 골프, 요가, 기공수련, 스키 등 스포츠에도 관심이 많았다. 미국에서 고등학교를 다니며 스노우보드, 테니스, 수구, 아이스하키 등도 경험해보았다. 물론 어릴 땐 많은 경험을 해봐야 좋다는 부모님의 교육철학도 한몫했다. 이런 나의 성격이나 성향은 주식투자에서도 빛을 발했다!

유명한 주식 책이나 유튜브에서 소개하는 전문가들의 조언들, 이를 테면 '몰빵 치지 마라, 빚내지 마라, 분산투자를 하라, 리스크를 헷지(Hedge)하라, 떨어지는 칼날 잡지 마라…' 등 하지 말라는 이야기가 참 많다. 물론 왜 그런 이야기를 하는지 잘 안다. 그럼에도 불구하고 나는 저런 투자를 두루 경험했다. 남들이 하지 말라면, 더 해보고 싶은 호기심이 문제라면 문제다.

하한가를 따라 들어가서 잡아도 보고, 급락하는 떨어지는 칼날을 잡아 수익도 내보고, 깨지기도 하고, 단타로 몰빵도 쳐보고, 신용이나 미수도 써보고, 미수를 썼다가 마이너스가 나 엄청 깨지기도 했다. 심지어 투자 초창기엔 코스닥 소형주에 투자하다가 거래정지도 당해봤다. 그렇게 직접 이리저리 경험해보면서 내게 어울리는 매매 스타일을 찾아갔다. 필자의 경우, 포트폴리오로 리스크를 헷지해가며 투자하는 방법이 안 맞았다. 남들이 아무리 좋다고 해도 나와 안 맞으면 그걸로 끝이다. 한 종목 오르면 다른 종목이 내려가고, 이거 오르면 저것이 무너져 잘해봐야 한 자리 수익률이 나는 투자는 내 성격과 목표, 특히 주식으로 집을 마련하겠다는 원대한 목표와 어울리지 않았다.

물론 주식투자 수익률이 시장 수익률 또는 은행이자보다 조금 높은 걸 원하는 투자자라면 포트폴리오로 위험을 헷지해가며 안정적으로 투자하는 것이 맞다. 그런데 포트폴리오의 함정이 있다. 장이 좋더라도 모든 주식이 다 오를 수는 없어 수익은 조금인데, 거꾸로 시장이 하락장으로 돌아서서 무너지면 안정적으로 다함께 마이너스가 난다는 점이다. '우량주 위주로 담았더니 참 안정적으로 마이너스가 나더라! 역시 우량주는 다르다!'라고 푸념하던 어떤 개미투자자의 말에 한참 웃기도 했다. 투자에는 왕도가 없고, 투자할 땐 본인이 원하는 게 무엇인지 정확히 알고 투자하는 게 맞는 것 같다.

자산가가 은행이자보다 나은 수익을 원한다면, 포트폴리오를 구성해 투자하는 게 맞고. 나처럼 돈이 부족해 수익률을 극대화하여 집을 사겠다는 목표가 있다면, 그리고 스스로 감당할 수 있는 리스크라고 생각한다면(그것이 무모한 도전이 아니라면!), 도전해보는 것도 나쁘지 않다. 경제학자 홍춘욱 박사의 이야기 중 '때로는 리스크를 짊어지지 않겠다는 태도가 리스크다'라는 이야기를 듣고 크게 공감했다. 지금은 어쩌면 손실이 두렵고 무서워 아무것도 하지 않으면 뒤처지고 마는 인플레이션의 시대 아닌가.

사람마다 그릇이란 게 있다. 나이의 많고 적음과 상관없이 결국 삶은 자기 그릇대로, 꼴대로 사는 거라고 생각한다. 그래서 가끔은 무섭기도 하다. 하지만 너무 사주팔자, 운명론에 사로잡혀도 발전이 없을 것이다. 다행인 점은 우리가 어느 정도까지 그릇을 키울 수 있고, 운명도 개척할 수 있다는 것이다. 우리 몸의 근육은 많이 쓰고 사용할수록 점점 강해진다. 견뎌내는 힘, 한계가 늘어나듯 주식의 그릇과 운도 키울수록 점점 강해진다고 생각한다. 비록 지금은 투자 그릇이 작더라도 경험을 쌓으면서 그릇 크기를 조금씩 키워나가면 근육에 힘이 붙듯 투자 노하우와 지혜가 쌓여간다. 초보자가 100kg 바벨의 벤치프레스를 들 수 없다. 처음엔 5kg, 10kg 무게로 시작해 방법을 터득해가듯, 투자도 그렇게 조금씩 늘려가는 게 맞다고 본다.

필자는 주식투자로 돈을 잃지 않는 궤도에 오른 이후로는 운에 대한 책도 즐겨 읽는 편이다. 운, 기세, 기운 등 다양한 이름으로 불리는 그 에너지가 궁금해서 탐구한다. 처음 주식투자를 할 무렵이었다. 어느 순간 호가창에 쏟아지는 매수세를 두 눈으로 지켜보며 '저 돈과 힘은 어디서 오는 걸까? 수억, 수백억 원이 한꺼번에 들어오는 저 매수

세와 힘의 정체가 무엇일까?'가 궁금했다. 그 에너지에 매료되어 주식에 빠져들었다고 해도 과언이 아니다. 인생이 그렇듯 주식도 좋은 운을 가진 기업이나 강한 기운, 기세를 분출하는 기업에 투자할 때 수익이 극대화된다. 요즘은 투자한 기업의 주가보다 현재 내 마음의 상태와 기운이 어떤지 좀 더 면밀히 살피는 편이다. 욕심으로 가득한지, 두려운지, 조바심을 내는지… 사실 투자자들 대부분은 주가와 가격에 집중하지만 정작 자신들의 마음에는 무심한 편이다. 어떤 면에서는 21세기 펀드매니저나 주식투자자는 점쟁이나 무당과 닮은 것 같다. 전자는 기업의 기운을 판단하고, 후자는 개인의 운을 평가한다. 형태만 다를 뿐 미래의 운명을 평가한다는 점에서 둘은 근본적으로 같은 일이 아닐까 싶다.

백문이 불여일타

'주식을 어떻게 해야 잘 할 수 있나요?'라고 질문하는 분들 중에 정작 본인 스스로 이런저런 매매를 해보고, 다양한 매매기법과 상황을 직접 느껴보고, 여러 가지 시행착오를 직접 겪어보지도 않은 채, 막연히 주식 잘 하는 방법만 묻는 분들을 많이 본다. 만인의 백과사전 〈네이버〉에 '춤 잘 추는 법'을 검색만 하고 정작 춤 연습을 안 한다면 백날 지식을 읽어봐야 도움이 안 된다. 개인적인 생각이지만, 특히 공부를 좀 했다는 분들일수록 실전투자와 매매에 집중하는 대신 주식을 공부, 학문적으로 접근하려는 것 같다. 이런 분들은 아는 게 정말 많아서 지표가 이렇네, 수급이 저렇네 등등 늘어놓는다. 그런 이야기를 듣고 있다가 '그래서 주식으로 돈 좀 버셨습니까?'라고 물으면 꿀 먹은 벙어리가 된다. 주식은 말이 아닌 수익으로 말하는 법이다.

🎯 스윙트레이더 성현우의 **주식투자 리부트**

주식을 어떻게 공부해야 좋을지 고민하기보다 당장 주식계좌를 열고, 10만 원이라도 좋으니 투자를 시작해보자. 일단 매매해보고 실전에서 느낀 고민과 갈등을 책에서 찾아가며 하나씩 풀어가는 게 맞다. 필자가 예전에 들은 일화를 하나 소개한다.

바둑으로 세상을 제패하겠다는 호기로운 젊은이가 있었다. 그는 바둑 역사에 한 획을 긋겠다는 다짐으로 산에 들어가 무려 10년간 바둑 공부에 매진해 자신만의 비기를 공부했다. 그리고 어느 날 깨달음을 얻고 하산을 해 강호로 돌아가려 했다. 그가 하산하는 길, 한 기원에 들러 호기롭게 대결을 신청했다.

'프로도 아닌, 기원의 원장쯤이야!'

오늘부터 도장깨기를 실천해 강호를 평정할 참이었다. 그런데 기원의 원장님은 자기가 가르치는 중학생과 대국을 해보라는 게 아닌가! 자존심이 무척 상했음은 물론이다. 이내 대국이 시작되었고, 10년간 바둑판을 맞댄 채 수행을 한 젊은이는 프로도 아닌 아마추어 중학생에게 무참히 깨지고 만다. 10년 공부가 한순간에 헛공부라는 걸, 그는 하산 첫날에 깨달았다. 스스로 깨달은 바가 시장에서 통하고 수익이 나면 좋겠지만, 그게 아니라면 헛공부다.

나는 책에 화려하게 펼쳐진 이론보다 현실에서 단돈 만 원이라도 벌 수 있는 실전이 중요하다고 믿는다. 이론은 이론이요, 실전은 실전이다. 주식에서 가장 큰 스승은 매일매일 변하는 시장이다. 책이나 이론은 그냥 참고자료일 뿐이다.

시장은 냉정하다. 학력이나 경력, 나이, 출신 등과 상관없이 매일매일 거액의 돈을 놓고 자본주의 천하제일 무도대회가 펼쳐진다. 나는 1~2주에 한 번씩 골프연습을 하는데, 연습 후 집에 돌아와 '오늘은 뭔가 깨달은 거 같다'고 말하면, 아내가 어이없다는 듯 웃기 시작한다. 올해만 해도 벌써 몇 번을 깨달았는데, 스코어는 왜 맨날 제자리냐고… 마음은 프로 같지만, 현실 스코어는 1년에 잘 해야 한두 번 싱글, 대부분 80돌이에 가깝다. 결국 골프장에서는 나보다 잘 치면 형이고, 주식판에서는 나보다 수익이 잘 나면 나이와 상관없이 형님이고 고수다. 다만, 주식은 영원한 패자도 승자도 없다. 고수도 한순간 삐끗하면 고꾸라질 수 있다.

여기서 필자가 강조하고 싶은 이야기는 이론에 갇혀 있지 말고 소액이라도 투자실전 경험을 많이 쌓는 것이 중요하다는 것이다. 이론만 박식하면 아무짝에도 쓸모가 없다. 실전에서 지지 않는 투자를 반복해 나의 스타일로 만들어야 한다.

투자와 투기의 차이

주식투자에서도 '내로남불'이 있다. 간혹 누군가가 '난 이런 방법으로 수익을 냈다!'고 하면 혹자는 '그렇게 투자하면 골로 간다!'고 폄하하면서 정작 본인도 욕심에 눈이 어두워 딴짓을 한다. 그들을 비난하려는 것이 아니다. 필자 역시 때때로 누군가의 이야기에 솔깃한 생각이 드니까… 이런 심리는 인간이 가진 속성 중 하나일 것이다.

주식을 하다 보면, 안정적인 수익을 원하는 투자자들을 많이 본다. 그런데 리스크는 1도 감당하지 않고 돈만 많이 벌고 싶다고? 미안하지만 세상에 그런 투자는 없다. 주식 말고 차라리 이자는 낮을지언정 안정적인 은행에 적금을 드는 셀 추천한다. 솔직히 주식에 돈을 넣는 것 자체가 이미 리스크다. 다만, 종목에 따라 리스크 크기가 다르고 사람에 따라 리스크를 감당하는 그릇이 다를 뿐이다. 자신이 감당할 수 있는 리스크의 크기는 투자자마다 제각각이다. 나는 큰 위험이 아니라고 판단해도, 누군가는 마치 세상이 당장 끝날 것처럼 호들갑을 떨기도 한다. 혹자는 언론이 대서특필해가며 공포를 조장할 때 그 분위기에 휩쓸리기도 한다. 똑같은 주식, 같은 종목에 투자했더라도 누군가는 10%의 수익을, 누군가는 30%를 먹는다. 어떤 이는 욕심을 더 부려 50%를 먹으려다 본전도 못 찾고 마이너스 계좌를 만들기도 한다. 그래서 주식이 어렵다. 사람마다 다른 꼴로 살아가듯, 사람마다 감당할 수 있는 리스크 수준이 다르기 때문에 나타나는 결과다. 저마다 감당하는 리스크 크기가 다르지만, 지금 내가 투자를 하는지 투기를 하는지는 스스로 늘 점검해야 한다.

만약 여러분이 투자를 하면서 어느 순간 너무 무리한다는 생각이 조금이라도 든다면, 자신에게 이렇게 물을 필요가 있다. '잘 될 때가 아닌, 안 되었을 때 리스크를 얼마나 감당할 수 있을까?' 드라마 〈스카이캐슬〉에서 김주영 선생님이 묻지 않았나?

'감수하시겠습니까? 감당하실 수 있겠냐고 물었습니다. 어머님!'

자신의 행동에 어디까지 책임을 져야 하는지 인지하고, 얼마나 감당할 수 있는지 판단할 수 있어야 진짜 성인이다. 그런데 주변에는 나이만 성인일 뿐 철부지인 분들이 많다. 물론 주식에서도 이런 분들을 쉽게 만날 수 있다. '한 방만 터지면 인생역전!' 허황된 꿈을 꾸는 분들, 당장 계좌에 1,000만 원도 없으면서 1억 원을 우습게 아는 분들도 꽤 있다. 내 품에 없는 허황된 1억 원보다 지금 당장 가용할 수 있는 1,000만 원이 더 소중하다.

우리가 주식투자를 하면서 명심해야 할 것은 스스로 기꺼이 감당할 수 있는 리스크의 크기를 인지하는 것이다. 주식은 당연히 리스크가 뒤따른다. 리스크를 안고 시작하는 게임이다. 그래서 필자는 본인 스스로 리스크를 감당할 수 있다면 투자, 내가 무너졌을 때 이를 감당할 수 없다면 투기라고 생각한다. 그것이 내가 생각하는 투자와 투기의 기준이다.

어떤 사람이 투자하는 종목과 매매 스타일을 보면 거짓말 조금 보태어 그의 인생을 엿볼 수 있다. 소심한 사람은 안정적인 투자를 지향하고, 한 방을 꿈꾸는 이라면 하루에도 등락폭이 심한 작전주에 들어가 인생역전을 노릴 것이다. 인생이 꿈꾸는 대로 흘러가면 얼마나 좋을까만, 우리 인생살이는 생각처럼 호락호락하지 않다. 필자도 수없이 실패하고 무너지기를 반복했다. 그럴 때마다 다시 일어설 수 있었던 건 내가 감당할 수 없다고 판단되면, 금액이 크고 고통스럽더라도 과감히 손절한 후 다시 시작했기 때문이다. 잘 나갈 때 잘 나가는 건 누구나 한다. 그러나 어렵고 힘들 때 어떻게 행동하는지, 졌을 때 어떻게 대처하는지를 보면 앞으로 그 사람의 인생과 운이 어느 쪽으로 흘러갈지 대략 알 수 있다.

필자는 고등학교 1학년 때 캔터베리 스쿨이라는 미국 동부 코네티컷의 작은 기숙사 학교로 유학을 갔다. 중학교 3학년 때 홍정욱의 《7

막 7장》을 읽고 난 후, '아빠 나도 하버드 대학교에 갈래요!'라고 말씀 드렸다. 지금은 천지개벽한 김포공항 가는 길 양옆으로 논두렁이 끝없이 펼쳐진 공항대로에서 아버지의 오래된 은색 소나타가 굉음을 내면서 달릴 때 그냥 지나가는 말로 툭 던진 이 한마디가 내 삶을 바꾸어놓았다. 성격 급한 아버지는 다음 날 서울 시내 모 유학원에 나를 데려가 유학 수속을 하루 만에 끝내셨다. 5년 뒤 하버드를 가겠다는 아들의 맹세는 거짓임이 밝혀졌지만, 어쨌든 내 인생은 그날 무심코 내뱉은 그 한마디 때문에 완전히 바뀌었다.

그렇게 미국에 가보니 미국 고등학교는 한국과 많이 달랐다. 밤 10시까지 이어지던 야간자율학습 대신 매일 방과 후 2시간씩 과외활동으로 운동을 했다. 철마다 운동 종목이 바뀌었는데, 봄에는 테니스를 배울 수 있었다. 그 무렵 나는 버스를 타고 다른 학교 학생들과 일주일에 한 번씩 시합을 했다. 한국에서는 늘 시험으로 경쟁했지만, 시합이라는 상황은 처음이었다. 그래서 잘하고 싶은 마음이 가득했고, 경기에서 지면 채를 바닥에 던지거나, 심지어 부러뜨리며 분풀이를 했다. 그때 키다리 터크(MR. Tuerk) 코치 선생님께서 나를 조용히 불러서 들려준 한마디가 있다.

'Sean(필자의 미국 이름), If you want to win, You need to learn how to lose first!'

이기려면, 지는 법부터 먼저 배우라는 코치 선생님 말씀을 들으니 머리를 한 대 맞은 기분이 들었다. 한국에서는 누구도 지는 법을 가르쳐주지 않았다. 이기고 싶다면, 아름답게 질 줄도 알아야 한다. 나는 주식을 하면서 들어갈 때, 이기는 마음이 아닌 잘못해서 질 마음의 준비부터 먼저 한다. 필자는 운 좋게 짧은 시간 안에 큰 수익을 낼 수 있었지만, 사실 엄청난 고수가 아니다. 10번 매매하면 3~4번은 바로 물린다. 그러나 나는 처음부터 주식을 사면 적어도 며칠은 물릴 거라고 예상하고, 그걸 감당할 자신이 있을 때에만 들어간다. 그리고 물렸을 땐 냉정하게 판단한다. 아파도, 아까워도 아무리 자기합리화가 시작되어도 아닌 건 아닌 거다.

인간은 힘들고 어려울 때 본성이 드러난다. 우리의 파릇파릇했던 연애도 그렇잖은가. 좋을 땐 둘이 그냥 좋아 죽는다. 그러나 둘 사이에 경제적 어려움이나 장애물이 닥치면 그때부터 진짜 숨겨진 본성이 나타난다. 여담이지만, 여러분의 배우자를 결정하려면 사계절을 다 겪어본 후, 상대방 모습을 적어도 1년 정도 경험하고 결정해도 괜찮다고 본다. 투자자의 본 모습도 마찬가지다. 나의 밑바닥은 잘 나갈 때가 아닌, 힘들고 어려울 때 나타나기 때문이다. 워런 버핏도 '파티가 끝나고 수영장에 물이 빠지면, 누가 수영복을 입고 있지 않은지 알 수 있다'고 하지 않았나. 주식투자로 실수를 해서 큰 손실을 보았다면, 외면하지 말고 용기 있게 마주볼 줄 알아야 한다. 그게 늘 괴롭고 힘들고 고통스럽다. 우리는 완벽하지 않고, 우리의 매매도 완벽하지 않다. 그러나 져도 괜찮다. 스스로 감당할 수 있는 패배라면, 투기가 아닌 투자자로서 좋은 경험을 해본 것이기 때문이다.

'괜찮은 소스가 있나요?'
내가 그렇게 대단한 사람이었나

주식을 하는 분들은 대부분 좋은 정보를 원한다. 그런데 스스로 공부하고 배우려는 대신 주식 게시판이나 카페, 동호회 또는 주식 좀 한다는 지인들로부터 흔히 말하는 소스(Source)를 얻으려는 분들이 많다. 필자는 주식을 혼자서 시작했고, 지금도 혼자서 한다. 누군가에게 들은 정보로 매매하면 정보에 휘둘린다고 생각한다. 물론 필자 또한 초기에는 이 정보 저 정보 친구들에게 동냥해 투자도 해보고, 수익도 내보고 손해를 보기도 했다. 그러나 이제 더 이상 그런 정보에 의존하지 않고 매매한다.

누군가 나에게 선의를 베풀어 좋은 정보, 고급정보를 준다고 치자. 그 정보를 믿고 거액을 투자해 돈을 벌면 다행이지만, 혹시 일이 틀어져 손해가 나면, 그 지인을 원망할 게 뻔하다. 그런 경험을 숱하게 해보았고 곁에서도 지켜보았다. 그래서 지금은 지인들에게 종목 추천을 꺼리는 편이다. 인간의 본성이란 게 잘 되면 내 탓, 안 되면 남 탓 아니던가.

누구나 그렇겠지만 필자도 내 인생이 남의 말로 인해 좌지우지되는 것이 너무 싫다. 망하더라도 내 선택으로 망하고, 흥해도 내 선택으로 흥하겠다는 생각이 속 편하다. 주식을 하다 보면 지인들 중 '너만 알고 있어! 앞으로 이 주식이 이런 이유로 뜰 거야!'라고 귀띔해주는 일이 간혹 있다. 그 정보의 출처가 어딘지 물으면 증권사 고위직한테 들었다고 한다. 나라는 존재가 과연 증권사 고위직이 아무 대가없이 고급정보를 흘려줄 만큼 대단한 존재였던가? 나는 지인이 추천해준 주식을 사지 않았지만, 어떻게 흘러가는지를 지켜봤다. 오르는 척하다가 결국 무너져서, 만약 지인의 말을 믿고 투자했다면 큰 손해를 보고 말았을 것이다. 주식 게시판이나 동호회 같은 곳에는 고급정보라며 친절하게 정보를 나누어주는 사람들도 있다. 그런 고급정보가 왜 게시판에 올라올까? 정말 고급정보라면 본인이 전 재산 묻고 돈벌면 될 텐데 말이다. 이처럼 정보매매를 하면 발전이 없다. 운이 좋아 한두 번 수익이 날 수는 있어도, 결국 정보로 흥한 자는 결국 정보로 망한다.

시장에는 수없이 많은 정보가 떠돈다. 그중 일부는 개미들을 홀리고 자신들이 돈을 벌기 위해 세력들이 흘리는 역정보들이다. 세상에 공짜는 없다. 세력이 시중에 정보를 흘리는 이유는 그들이 원하는 게 있기 때문이다. 그리고 그들이 원하는 것과 내가 원하는 것은 상반되는 경우가 많다. 자신의 매매에 확신이 생기면, 정보를 구하러 인맥을 만들러 다니거나 게시판을 전전하지 않는다. 누군가에게 의지하려는 것은, 자신의 실력 부족 탓이다. 주식투자 경험이 아무리 오래되었더라도 정보만 따라다니는 투자는 수익을 낼 수 없다. 주식이 절대 늘지 않는다.

필자는 주식투자에 도움이 되는 정보 대부분을 뉴스에서 얻는다. 그래서 뉴스를 꼼꼼히 읽는 편이다. 뉴스를 살피며 세상이 어느 방향으로 흘러갈지 방향성을 고민하고 살펴본다. 필자는 누군가 나에게 고급정보를 아무 대가도 없이 알려줄 만큼 대단한 인생을 살지 않았다. 그래서 나는 늘 시장을 바라보며 그 속에서 어떻게 해야 수익을 낼 수 있을지 고민하고 탐구한다.

주식투자 1만 시간의 법칙

필자 스스로 매매가 늘고 투자자로서 좀 성숙해졌다고 느낀 시점은 3년 넘게 시행착오를 거친 후, 즉 4년째부터다. 그 이야기를 좀 해보려 한다. 일명 '주식투자 1만 시간의 법칙'이다.

필자가 운영하는 병원의 규모가 작고 경영도 원활하지 않아서 그럴 수 있겠지만, 진료를 해보면 대부분 환자가 몰리는 시간이 있다. 그 시간을 제외하면 자유시간이 제법 생긴다. 솔직히 환자를 돌보는 시간보다 혼자 있는 시간이 더 많다. 대박병원이 아닌 이상, 대부분의 동네 병원들 처지가 나와 비슷할 것 같다. 남는 시간에 뜨개질을 하는 원장님도 봤고, 영화를 보거나 재테크 공부를 하시는 원장님도 있다. 나는 1년에 기껏해야 3~5종목만 투자하는 스타일이다. 따라서 실제로 주식을 매수-매도하는 날은 1년을 통틀어도 며칠 안 된다. 이런 몇 몇 날을 제외하면 대부분 시장을 지켜보는 시간들이다. 택시 기사님들이 손님을 기다리며 라디오를 틀어놓듯, 필자는 내가 투자한 종목의 호가창을 습관처럼 열어놓는다. 진료실에 앉아 혼자 밥을 먹으면서도 호가창을 열어두고 힐끗힐끗 살펴본다.

그렇게 호가창을 5년쯤 보니까 정확히 뭔지는 몰라도 느낌이 이상한, 즉 평소와 뭔가 다르다는 감이 올 때가 있다. 실제로 그런 날엔 크게 시세가 나거나 크게 하락하는 등 변동성이 큰 경우가 많았다. 누군가가 호가창 너머에서 나에게 신호를 보낸다고 말한다면, 정신 나간 소리라고 말하겠지만 아무튼 저 너머 누군가가 모르스 신호를 보내듯, 호가창에 쏟아지는 숫자를 보면서 묘한 분위기를 느낀다.

나는 호가창에서 숫자가 아닌 힘, 감정을 느끼고자 노력한다. 보통 한 종목을 정해진 구간에서 대량으로 매수하고 한 번에 매도하는 중기스윙, 자칭 스나이퍼 매매를 하기 때문에 나머지 시간은 자투리 돈이 생기면 추매를 할지언정 중간에 물량을 조절하거나 하지도 않는다. 한 번 샀으면 그때부턴 호가창을 열고 지켜보며 대부분 공부하는 시간이다.

문득, 필자가 그동안 주식공부를 얼마나 했는지 따져보았다. 일을 하면서 틈이 날 때마다, 그리고 퇴근 후 집안일과 아이들을 돌본 후 잠자리에 들기까지 짬짬이 지난 5년간의 시간을 말이다. 호가창과 차트, 주식 관련 뉴스 검색, 독서 등을 모두 더하니 5년간 하루 8시간 정도씩 꾸준히 공부했다. 이를 계산하면 약 1만 4,400시간이 넘는다. 나 스스로 매매가 좀 늘었다고 느낀 시점이 4년차이니, 시간으로 보면 대략 주식공부를 한 지 1만 시간이 조금 넘은 때였다. 주식투자에도 1만 시간의 법칙이 통한다는 걸 믿어야 하는 건가?

네오위즈 창업가, 크래프톤 의장 장병규의 《스타트업 한국》이란 책에 압축 성장 개념이 소개된다.[2] 인생에서 성장은 늘 계단식이거나 S자였다. 그리고 그 S자 곡선에 성장을 앞당기려면 남보다 더 열심히 시간을 투자해 공부하고, 매매하는 수밖에 없다. 나 역시 처음엔 무모한 주식투자가 많았다. 부끄러운 경험이지만, 그 과정을 거쳐 지금까지 왔다. 물론 나의 초창기 매매를 부정하자는 게 아니라, 실패하더라도 꾸준히 공부하고 노력하면 어느 순간 한 수 늘어 있는 나와 마주할 수 있음을 말하려는 것이다.

사람들은 주식이 인생과 많이 닮았다고들 말한다. 숱한 시행착오를 겪고 스스로 갈증이 생겨 공부하고, 그렇게 투자하다 보면 나도 모르는 사이에 매매법이 한 단계 업그레이드된다. 노력하지 않고 요행만 바라면 안 된다. 운 좋게 요행으로 한두 번 크게 먹었다면, 그렇게 들어온 수익은 바람처럼 사라진다. 앞서 돈의 근육을 늘리자는 이야기를 했었다. 처음엔 주식으로 10만 원만 벌어도 신기하고, 매매가 늘어 100만 원, 1,000만 원을 벌면 세상 다 가진 듯한 기분이 들 수 있다. 그러다 매매기술이 더 늘어 1억 원의 돈을 벌어보면 돈의 근육이 발

---

2 학습 곡선은 일반적으로 S자이고, 초기에 시행착오와 반복의 과정을 거쳐 진행되며, 시간과 노력을 많이 들여도 결과물은 그에 비해 작게 느껴진다. 그러나 어느 순간 노력과 공부, 경험이 쌓이면 깨달음과 함께 성장세도 가팔라져 그동안 투자했던 시간과 노력이 결과로 나타난다. 그러나 성장은 무한하지 않다. 다시 정체기가 찾아오는 S자 학습 곡선이 지식근로자에겐 흔하다. 《스타트업 한국》 장병규 저, 80쪽 참조.

<그림 4> 학습 곡선

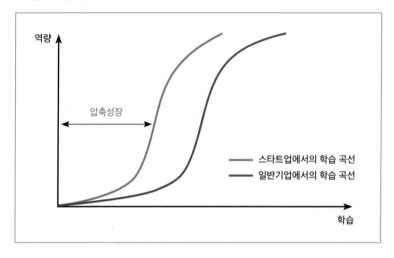

달하기 시작한다. 처음부터 무거운 100kg를 들 수 없듯, 처음부터 많은 돈을 갈구하면 자칫 다칠 수 있다. 돈은 다룰 줄 아는 사람, 가치를 알아보는 사람에게 찾아가니까 말이다.

지금까지 돈과 주식을 다루는 준비과정, 주식투자에 임하는 자세, 내가 영향을 받은 책 등을 소개했다. 2장부터는 여러분과 본격적으로 주식투자 여행을 떠나볼 참이다. 지난 5년간 필자가 투자하면서 느낀 성공, 실패의 경험과 기록들이 여러분의 투자에 참고가 되기를 바라는 마음으로 진솔하게 정리했다. 실제로 어떻게 해야 돈의 근육을 늘이고, 주식을 잘 할 수 있을지 참고가 되었으면 좋겠다.

"

단기간에 부자가 되는 방법은
다음 세 가지다.
첫째, 부유한 배우자를 만난다.
둘째, 유망한 사업 아이템을 갖는다.
셋째, 투자를 한다.

"

– 앙드레 코스톨라니

2장 _____

인생도, 주식도
결국은 타이밍 싸움

천지인(天地人) 투자법 개요

천(天) : 현 시대를 아우르는 정신이 무엇인지 큰 틀에서 살펴본다. 세상을 지
배하는 키워드, 향후 어떻게 세상이 변할지를 파악하는 것이다. 그
리고 발전 가능성이 있는 산업과 유망한 분야가 무엇인지 조심스럽
게 예측하며, 현 시대를 아우르는 시대정신을 문장으로 떠올려본다.

지(地) : 천의 시대정신에 부합한 산업과 산업군을 분별하는 일이다. 만약 그
런 산업이 떠오르면 그 산업을 뒷받침하는 제도적 장치와 정책, 현
시장에서의 보급률이나 기술의 정도 등을 대략 파악한다.

인(人) : 아무리 산업이 유망하고 세상이 그 방향으로 흐르더라도, 대중의 관
심이 없다면 주식에서 말짱 도루묵이다. 따라서 사람들의 흥미와 관
심이 그곳을 바라보고 있는지 또는 앞으로 그 방향으로 관심을 가질
지의 여부를 살피는 것이다. 그리고 해당 주식의 주가에 그런 분위
기가 반영되었는지를 기술적으로 분석한다. 바로 인(人) 단계에서 우
리 같은 개미뿐 아니라 기관, 외국인, 세력(?)까지도 관심을 갖는 매
력적인 분야인지 따져봐야 한다.

세상을 읽으면 돈이 보인다, 천지인(天地人) 투자법

　나는 전업투자가가 아니다. 월요일부터 토요일까지 주 6일 병원으로 출근하니까 여기저기 기웃거리며 종목을 발굴할 수도 없다. 직장인 투자자들도 나와 비슷한 처지일 것이다. 그나마 직장인들에겐 출장, 외근이 있다. 하지만 나에겐 그런 시간조차 허락되지 않는다. 간혹 해외로 출장을 가는 친구들이나 해외출장은 아니더라도 거래처로 외근을 나간다는 친구들이 그렇게 부러울 수 없다.

　다만, 필자는 10평 남짓 작은 소아과 내의 3평짜리 진료실이 나의 우주겠거니 생각하며, 환자가 붐비지 않는 시간을 이용해 틈틈이 세상공부, 주식공부를 한다. 자리를 비울 수 없는 진료실에서 이루어지는 주식공부, 어쨌든 주식은 드넓은 세상과 작은 진료실에 갇힌 나를 연결하는 매개 역할을 해준다. 나 역시 투자 초기에는 이 정보, 저 정보 기웃거렸다. 그러나 지금은 혼자서 조용히 주식을 한다. 그리고 대부분의 주식 정보는 포털 뉴스를 통해서 얻는 편이다. 따라서 아무리 일과가 바빠도 정치, 경제, 사회, 세계 헤드라인 뉴스들 중 눈길이 가는 소식은 매일 점검하는 편이다. 물론 내가 본 뉴스가 바로 돈으로 연결되는 건 아니다. '아! 이런 일이 있었구나…' 하며 살피는 정도다. 그렇게 뉴스를 확인하며 세상이 어떤 분위기로 돌아가는지 뒤지지 않고 따라가는 정도다.

투자를 하는 방법으로 크게 톱다운(Top down)과 보텀업(Bottom up)이 있다. 여러분도 잘 아시겠지만, 톱다운은 경제와 산업의 큰 흐름을 분석하고 향후 성장 가능한 산업을 미리 예상해 그 안에서 유망한 기업을 찾는 방법이다. 보텀업은 실적보다 현재의 주가가 저평가된 기업부터 발굴한 후, 해당 기업이 속한 산업군을 분석하는 방법이다. 둘 중 어느 방법을 취할 것인가는 그때그때 상황과 종목 또는 시기에 따라 다르다. 필자의 경우, 세상을 먼저 살피고 향후 어떤 변화가 예측될지를 판단한 후, 유망한 섹터를 고르는 방법을 쓴다. 이제 여기서 필자 나름의 투자 노하우인 천지인(天地人) 투자법을 소개하겠다.

천지인에서 천(天)은 하늘의 시간, 지(地)는 땅의 시간, 인(人)은 사람의 시간을 뜻한다. '천'을 파악할 땐 현 시대를 아우르는 정신이 무엇인지 큰 틀에서 살펴보려고 한다. 세상을 지배하는 키워드, 향후 어떻게 세상이 변할지를 파악하는 것이다. 그리고 발전 가능성이 있는 산업과 유망한 분야가 무엇인지 조심스럽게 예측하며, 현 시대를 아우르는 시대정신을 문장으로 떠올려본다. '지'의 경우, 천의 시대정신에 부합한 산업 또는 산업군을 분별하는 일이다. 만약 그런 산업이 떠오르면 그 산업을 뒷받침하는 제도적 장치와 정책, 현 시장에서의 보급률이나 기술의 정도 등을 대략 파악한다. 마지막 '인'은 아무리 산업이 유망하고 세상이 그 방향으로 흐르더라도, 대중의 관심이 없다면 주식에서 말짱 도루묵이다. 따라서 사람들의 흥미와 관심이 그곳을 바라보고 있는지 또는 앞으로 그 방향으로 관심을 가질지의 여부를 살피는 것이다. 그리고 해당 주식의 주가에 그런 분위기가 반영되었는지를 기술적으로 분석한다. 바로 여기 인(人) 단계에서 우리와 같은 개미뿐 아니라 기관, 외국인, 세력(?)까지도 관심을 갖는 매력적인 분야인지 따져봐야 한다. 비록 지금은 큰돈을 못 벌지만 천과 지가 받쳐주고, 앞으로 대중의 관심이 모일 수 있는지, 그래서 실적이 좋아질 수 있는지를 꼼꼼히 따져본다.

<그림 5> 천지인 투자법

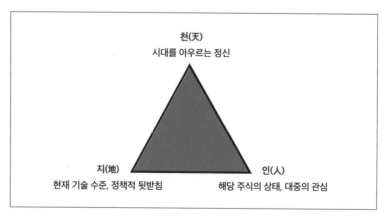

. 천지인! 하늘과 땅, 그리고 사람의 시간이 맞으려면 기다림이 필요하다. 필자는 제아무리 달콤한 장밋빛 미래로 손짓하는 주식일지라도 과정 없이 오른 주식은 쳐다보지 않는다. 사람을 만날 때에도 현재 지위의 높고 낮음이나 눈에 보이는 화려함 대신 그가 과거에 어떻게 살아왔고 어떤 과정을 거쳐 지금 이 자리에 올랐는지부터 먼저 살핀다. 화려한 옷과 그럴 듯한 화술로 치장한 사람들은 사기꾼일 확률이 높다. 주식도 그렇다. 예컨대 당장 매출이 1원도 안 되면서, 임상 1상도 통과 못했으면서, 신약만 개발되면 수조 원의 매출이 기대된다고 장밋빛 뉴스를 뿌리는 바이오주에 투자할 땐 더욱 꼼꼼히 따져봐야 한다. 내가 가장 싫어하는 말이 밑도 끝도 없는 막연한 기대감이다. 돈이 되려면 기대감 뒤에 실체가 존재해야 한다. 기대감만 있고 숫자가 받쳐주지 않는 주식은 반드시 무너지고 말더라. 물론, 그 기대감이 때론 큰돈이 될 수도 있지만, 정말 근거 있는 기대감인지 돌다리 두드려 보듯 확인하는 과정이 필수다.

주식의 세계에서 '천-지-인' 중 늘 조급한 건 사람이다. 그중 나를 비롯한 개미들의 마음이 가장 급하다. 그러나 주식이 시세를 분출하려면 과정이 필요하고 때가 되어야 한다. 즉, 하늘과 땅의 시간, 거기에 사람의 시간 세 가지가 일치해야 수개월 또는 수년의 과정 동안 응축해 있던 에너지가 폭발한다.

필자는 차트를 볼 때 남들처럼 가격을 중요하게 생각하지 않는다. 그 대신 차트에 숨겨진 응축된 에너지가 있는지를 살핀다. 천지인이 '때(Time)'가 와서 시세를 분출할 때, 해당 주식이 분출할 수 있는 에너지의 폭발력은 횡보해온 시간과 그 주식이 견뎌야 했던 인고의 정도에 비례한다. 지난 시간, 개미를 떨쳐내려고 노력한 시간과 과정이 길면 길수록, 고행의 깊이가 깊으면 깊을수록, 분출하는 에너지가 더 커진다. 일례로, 2020년 팬데믹 국면에서 무려 10년을 애먹이던 HMM 주식이 폭발했다. 10년간 하락-횡보를 거듭하며 쌓아둔 에너지가 폭발하면 얼마나 강한 상승을 이끌어내는지 우리는 두 눈으로 똑똑히 목격했다.

<그림 6> HMM 월봉(2018년 하반기~2021년 상반기)

긴 시간 하락-횡보를 반복하며 에너지를 비축한 주식이 2020년 3월을 기점으로 서서히 거래량을 늘려가며 상승을 시작하고, 마침내 그동안 비축했던 에너지를 폭발시켰다. 2020년 3월 기준 2,120원까지 하락했던 주식이 2021년 5월 5만 1,100원까지 치솟아 무려 24배나 폭발했다. 인생도 그렇다. 나의 삶이 지금 내리막이라고 느껴지더라도 실망하지 말고 에너지를 비축하는 시기라고 생각하자. 오랜 시간 응축된 에너지가 어떤 계기를 만나 얼마나 폭발할지는 아무도 모른다.

천지인 종목발굴 방법

필자는 종목을 발굴할 때 방금 소개한 천지인 투자법을 활용한다. 물론 때때로, 가뭄에 콩 나듯 우연히 괜찮은 종목이 눈에 띄기도 하지만, 내게 큰 수익을 안겨다준 대부분의 주식은 천지인 투자법으로 발굴했다. 이 방법으로 종목을 발굴하려면, 먼저 지금 돌아가는 세상의 시대정신과 현재를 관통하는 트렌드를 잘 파악해야 한다. 글로 백 번 설명하기보다, 실전매매 경험 하나를 소개하는 것이 훨씬 이해하기 쉬울 것 같다.

2021년 한해, 필자에게 가장 큰 수익을 안겨준 종목은 SK바이오사이언스다. 필자가 원고를 정리하는 시점인 2021년 10월 초의 주가는 23만 원으로 52주 최고가 30만 원대 대비 크게 하락한 상태다. 미국 머크 사의 먹는 코로나 치료제 3상 소식이 악재로 작용하면서 내가 투자했던 시기보다 현저히 힘이 약해진 모습이다.

아무튼 필자가 이 주식에 관심을 가진 시점은 아스트라제네카, 모더나, 화이자 등 코로나 백신 접종이 국내에서도 시작되었고, 금방이라도 코로나가 종식될 것 같은 분위기가 조성된 2021년 상반기였다. 2020년 3월 이후, 연말까지 주식시장은 백신 개발 기대감에 편승해 활기를 조금씩 되찾았다. 코스피 1,400 포인트에서 3,316포인트까지 정말 무섭게 치솟았다. 금세 경제가 활기를 되찾고, 사람들은 코로나 시절 이전으로 돌아갈 수 있다고 기대했다. 그러나 매일 진료실에서 환자를 돌보고, 해마다 가을철이면 독감접종과 환절기 유행 질환을 다루는 필자의 생각은 좀 달랐다. 나는 백신이 개발되었으니 금세 코로나가 사라질 것처럼 호들갑을 떠는 언론과 빨리 일상으로 돌아가길 원하는 사람들의 염원에 의구심을 품었다.

'어쩌면 팬데믹(Pandemic)이 아니라 엔데믹(Endemic)이다!'

내 머릿속에 위의 문장이 떠올라 화두로 잡고 일주일 정도 곰곰이 생각했다. 국내 하루 확진자가 500~600명을 오가는 때였고, 정부에서는 연일 코로나 사태가 안정화된다고 장담하던 때였다. 이스라엘에서는 접종률이 집단면역 요건인 70%가 넘어갔고, 마스크 없는 일상으로 되돌아간다는 뉴스가 쏟아졌다. 필자는 실시간으로 쏟아지는 뉴스를 보면서 '과연, 그럴까?'라는 의구심이 커져갔다. 그러던 어느 주말, 한강시민공원을 지나게 되었는데, 공원에는 쏟아져 나온 시민들

<그림 7> SK바이오사이언스 일봉(2021년 4월~9월)

로 가득 차 있었다. 정부의 긍정적인 시그널이 시민들의 경계심을 낮

춘 까닭이었다. 그러나 정부가 장담한 것과 달리 확진자가 좀처럼 줄

지 않았다. 이렇듯 혼란한 상황에서 나는 어디에 투자해야 좋을까?

일단 천지인 중에서 천(天)의 중심인 시대정신을 팬데믹이 아닌 엔

데믹으로 잡았다. 그렇디면 엔데믹이라는 시대정신에 걸맞은 산업이

어디일까? 가장 먼저 떠오른 진단키트 주들을 다시 훑어봤다. 씨젠

을 필두로 2020년 팬데믹 국면에서 가장 뜨거운 주식들이었다. 그런

데 진단키트 관련주들의 차트를 살펴보니, 고개가 갸우뚱해졌다. '어라? 이미 힘이 좀 빠진 게 아닌가?' 나는 이미 누군가 크게 돈을 번 주식엔 관심도 없고 선호하지도 않는다. 물론, 새로운 테마나 성장 동력이 나타나 전 고점을 다시 넘어설 수도 있다. 그렇더라도 누군가가 고가에서 팔아치운 주식은 그 고점까지 다시 가기가 여간 쉽지 않다. 그이유는 누군가는 거기서 팔았고, 누군가는 거기에서 샀기 때문에 주가가 다시 힘을 받아 올라간다 한들, 물려 있는 사람이 많으면 많을수록 던지고 싶은 욕구가 강해진다. 그래서 주가가 오르지 못하고 쉽게 미끄러진다. 그래서 모두가 본전이 오기만을 기다리는 주식은, 본전까지 다시 오르기가 절대 쉽지 않다.

천지인 중에서 지(地)는 국산백신으로 정했다. 당시 상황은 국내에서 위탁 생산은 하고 있지만, 임상 3상도 시작하지 못하던 시기였다. 국내에 들어오기로 한 모더나와 화이자의 물량이 제때 도착하지 않아 정부는 난감한 처지였다. 나는 9종목의 국산백신들 중 가능성이 가장 높은 곳이 어디일지 고민했다. 과거 필자가 레지던트였을 때, 국내 제약사의 임상실험에 참여한 경험이 있다. 환자가 오면 코디네이터가 위약인지 실제 약인지 모를 약을 주었고, 나 같은 레지던트들이 환자에게 그 약을 투여하던 생각이 떠올랐다. 임상이란 게 시간도 시간이지만 엄청난 시스템의 뒷받침과 무엇보다 돈과 시간이 많이 들 수밖에 없는 지난한 작업이다. 9종목이나 되는 업체 중에서 우리나라뿐 아니라, 추후 해외에서 임상을 진행할 만한 역량을 갖춘 회사가 어디인지, 그리고 식약처나 복지부와도 긴밀한 협업 관계를 맺고 있는 곳이 어디인지를 살폈다.

각 회사의 홈페이지를 방문해 현재 임상 진행 상황과 파이프라인이 몇 개인지를 뉴스로 검색하면서 연내에 3상 진입 가능성과 개발 시 자체 생산설비, 그리고 캐파(Capacity)를 갖춘 옥석 고르기 작업을 진행했다. 그리고 국내와 해외에서 대규모 임상을 소화할 만한 리소스, 역량을 가진 업체는 SK바이오사이언스라는 결론을 얻었다. 때마침 겨울철 독감백신 주문을 상의하러 진료실에 찾아온 도매상과 대화를 나누다 '2021년엔 SK바이오사이언스가 독감백신을 생산하지 않으니, 다른 업체에서 주문해야 한다'는 이야기를 들었다. 당시 엔데믹이란 화두를 잡고 돈이 될 만한 관련 업체를 공부하던 필자는 그 도매상 이야기가 며칠 동안 귀에 꽂혔다. 물론, 이미 뉴스를 통해 SK바이오사이언스가 독감백신을 생산하지 않는다는 정보를 알고 있었기에 특별할 것 없는 이야기였지만, 왠지 자꾸 그 말이 귀에서 맴돌았다.

필자는 독감백신, 특히 스카이셀플루를 생산하는 SK바이오사이언스의 역량을 일반인들보다는 잘 아는 편이다. 해마다 예방접종 사업에 직접 참여해 환자들에게 백신을 접종하기 때문이다. 그런데 '땅 짚고 헤엄치기' 격인, 안정적인 독감생산 매출을 포기한다는 게 이상하게 들렸다. 2021년에 SK바이오사이언스가 독감백신을 생산하지 않을 거란 이야기는 잘 알려진 뉴스였다. 나는 이미 공개된 그 뉴스 한 조각을 통해, 해당 기업이 독감백신 대신 국산 코로나 백신 생산에 전념하겠다는 출사표를 던졌다고 해석했다. 마침 당시에는 모더나와 화

이자 백신의 물량 확보가 원활하지 않던 때라 국산백신의 필요성이
한층 더 부각되어 정부가 다양한 정책적 지원을 쏟아내고 있었다.

천지인 중 마지막으로 인(人)의 단계로 나는 SK바이오사이언스 차
트 분석에 들어갔다. 상장 이후 하락, 그 이후 반등하는가 싶다가 4개
월 정도 횡보-박스권을 유지하며 개미들의 애간장을 녹이는 중이었
다. 내 눈에는 그런 차트의 모습이 앞으로 상승하기 위한 에너지를 비
축하고 개미의 물량을 털어내는 작업으로 보였다. 결국 나는 15~16만
원 구간에서 주식을 집중 매수했고, 이후 주가는 2달 안에 장중 최고
한때 고점 36만 원까지 크게 상승했다. 나는 어깨쯤 되는 29~30만 원
부근에서 전량 매도함으로써 큰 수익을 실현했다.

기회는 준비된 사람에게
우연을 가장하여 찾아온다

2021년 2월의 일이다. 나는 봄이 되면 기존에 사용하던 구형 드라이버를 신형으로 바꾸려고 생각했다. 그러나 코로나로 병원 수입이 시원찮고, 그렇다고 주식을 좀 팔아 드라이버를 사자니 마음도 안 내켜 이러지도 저러지도 못하던 때였다. 그러다 우연히 T사의 신형 드라이버 시리즈가 출시됐다는 광고를 보게 되었다. 비록 주머니에 돈은 없었지만 나는 가격이 얼마나 하는지 궁금해 인터넷 소매상에 전화를 걸었다.

"안녕하세요. 혹시 T사의 신형 드라이버 특주(특별주문) 가격이 얼마죠?"
"아, 그거요. 샤프트는 뭐로 하실 건데요?"

"TSI3에 로프트 9.5도, 샤프트는 벤투스 블랙 6s요"

"그거 오래 걸려요, 대기가 두 달이에요. 난리에요 난리!"

세상에! 드라이버를 돈 주고 사겠다는 사람이 2개월이나 밀려 있다는 이야기를 들어본 적이 있던가? 갑자기 머릿속에서 어떤 생각이 스쳐 지났다. 우연찮게 휠라홀딩스를 미리 공부해 두었던 터라, 전화기를 내려놓자마자 차트를 열고 분석에 들어갔다.

2021년 2월 무렵엔 막 팬데믹 공포에서 벗어나 경제가 재개되고 일상으로 돌아간다는 희망이 가득했다. 그래서 경제재개, 즉 리오프닝(Reopening) 관련주들이 움직이고 있었다. 때마침 나는 일상 회복과 리오프닝이라는 시대정신을 화두로 잡고 어떤 주식이 좋을지 고민하고 있었다. 여행주, 면세점, 백화점 관련주는 이미 크게 움직인 상황이었고, 필자 역시 앞서 신세계인터내셔날과 호텔신라에서 익절하고 나온 상태였다. 그러던 중 드라이버를 두 달이나 기다려야 한다는 말을 듣고선 휠라홀딩스 차트를 열고 재무제표와 뉴스 검색, 미국과 한국의 휠라 홈페이지, 아쿠쉬네트 뉴스 검색, 게다가 한 술 더 떠 휠라가 신규 론칭한 케즈라는 스니커즈 브랜드 매장까지 방문도 했다. 아내와 장모님을 데리고 가 몇 켤레의 신발을 구입하며 점원에게 궁금한 점도 묻고 반응을 살폈다. 휠라가 타이틀리스트 브랜드, 아쿠쉬네트를 인수하면서 2018년부터 2019년 3월까지 폭발적으로 시세를 줄 때, 나는 가격이 너무 올라 들어가지 못하고 뜨겁게 오르는 주식을 먼 산 구경 하듯 바라만 보고 있던 터라, 언제가 기회가 오면 투자하려고 공부를 해둔 상태였다.

주가도 충분히 기간 및 시세 조정을 거쳤다고 판단하고, 내 스타일대로 단기간에 매수를 시작했다. 이틀 정도에 걸쳐 그냥 다 샀다. 운이었는지 실력이었는지 미국 아쿠쉬네트의 매출이 폭발하면서 분기 서프라이즈 매출을 기록했고, 휠라 주식도 매수가 4만 원을 훌쩍 넘겨 한두 달 안에 5만 원 후반까지 시세를 주어 전량 익절함으로써 3억원을 벌었다.

기회는 어느 날 갑자기 오는 게 아니라, 준비된 자에게 찾아온다고 믿는다. 나는 휠라홀딩스의 분석을 끝마친 상황이었고, 소매상이 들려준 '두 달을 기다려야 한다'는 말을 캐치해 수익을 냈다. 준비와 빠른 대응이 수익을 만들어준 사례다. 휠라코리아의 내부 상황이나 고급정보가 나에게까지 올 리 만무하다. 그러나 기업의 내부 상황을 몰라도, 직간접적으로 그 회사가 잘 운영되는지 확인할 수 있는 단서를 하나씩 모으면, 앞으로 그 회사의 주가가 어느 방향으로 갈지 대략 감이 온다. 필자는 휠라홀딩스에서 수익을 낸 후, 갖고 있던 골프채를 모두 T사의 브랜드로 바꾸었다. 나에게 수익을 준 기업에 고맙고 감사한 마음이 들면, 물건을 사더라도 가급적 해당 기업의 제품을 사용하는 편이다. 신발은 휠라, 화장품도 이왕이면 아모레퍼시픽 아이오페, 라네즈, 마몽드 이런 식이다.

필자는 자투리 시간을 쪼개어 틈틈이 주식공부를 하는 스타일이다. 그리고 내가 세상과 소통하는 장소는 3평짜리 진료실인데, 진료를 하면서도 아이들이 무슨 옷을 입었는지, 요즘 아이들은 어떤 유행에 민

감한지를 관찰한다. 아이들과 함께 온 엄마들도 예외가 아니다. 그분들의 패션, 액세서리를 보며 유행을 짐작해본다. 많은 아이들이 MLB 옷을 입었다면 F&F 주가의 차트를 열고 공부한다. 사람들은 대단한 투자 기회를 찾아 이리저리 헤매지만, 정말 돈이 되는 정보는 우리 주변에 충분히 널려 있다. 다만, 보이지 않고, 알아보지 못할 뿐이다. 우리는 정답을 삶이 아닌 다른 곳에서 찾지만, 정작 정답은 거짓말처럼 삶 속에 있는 경우가 많다. 주식도 그렇다. 모두들 대박 종목을 찾아 주식시장을 헤매지만, 정작 돈이 되는 보물은 우리의 삶 가까운 곳에 숨어 있곤 한다.

　나는 출퇴근을 하는 도중에도 새롭게 들어선 공장이나 건물, 그리고 어떤 회사의 사옥이 눈에 띄면 거기가 어떤 곳인지 검색한다. 또 다른 사례로 주변에 새 버스 노선이 생겨도 관찰 대상이다. 버스 노선이 생겼다는 건 사람이 있다는 이야기고, 그 끝에 어떤 회사가 들어설지, 왜 거기로 옮기는지 이유를 생각해본다. 어떤 변화가 있을 때 그냥 지나치면 아무 일도 벌어지지 않는다. 나와 상관없이 스쳐 지나는 정보일 뿐이다. 끊임없이 '왜?'라는 질문을 던져야, 정보를 얻고 돈도 번다.

스윙트레이더 성현우의 주식투자 리부트

3년 전, 필자가 살던 경기도 광교의 월셋집 인근에는 신생 업체들의 사옥이 많았다. 매일 오가며 덴티움이라는 회사의 사옥과 간판이 눈에 띄었다. 시간이 날 때 심심풀이로 그 회사가 어떤 곳이고, 매출이 얼마며, 차트가 어떤지, 그리고 과거에 실린 관련 뉴스를 살펴봤다. 그러던 차에 덴티움 관련 악재 뉴스가 새롭게 떴다. 이전에 걸렸던 소송에 관한 뉴스의 재탕이었다. 뉴스 탓에 덴티움 주식이 10% 이상 폭락하기 시작했다. 원래 필자는 떨어지는 칼날을 안 잡는 편이지만, 이미 공부가 되어 있어선지 '어쩌면 기회가 되겠구나!'라는 생각이 들었다. 나는 10% 이상 폭락한 주식을 바닥에서 엄청 쓸어 담았다. 체온이란 게 항상성이 있듯 건강한 회사라면 체온을 유지하듯 주가를 유지하고자 원래 주가로 돌아가려는 경향이 있다. 우리가 주식을 하면서 이격을 보고, 이동평균선을 지켜보는 이유가 바로 이 때문이다. 투자 결과 10일 만에 1억 5,000~2억 원의 수익을 낼 수 있었다.

사실 필자는 웬만해서는 떨어지는 칼날을 안 잡는다. 그러나 덴티움에 과감히 베팅해 수익 실현을 할 수 있었던 건, 관찰력과 호기심 그리고 분석 덕분이다. 길을 오가며 마주한 회사의 간판을 허투루 본 게 아니다. 저 회사의 주력 사업인 임플란트 시장과 업황을 미리 공부한 덕분에 기회를 만나 수익과 맞바꾸었다. 주식투자자라면 이처럼 늘 안테나를 세우고 세상과 사람들에 관심을 가져야 한다. 필자가 덴티움을 공부하던 시절, 퇴근 후 유튜브 채널로 덴티움 대표이사가 발표하는 임플란트 시술 동영상을 보고 있노라면, 아내가 소아과 의사가 임플란트 동영상은 왜 보냐고, 소아과에서 이빨도 치료하느냐고 의아해하던 에피소드가 생각난다.

종목 선정의 기준

우리가 연애하던 시절을 떠올려보자. 다들 매력적인 이성에 마음이 끌릴 것이다. 필자는 주식도 기본적으로 매력이 있어야 한다고 생각한다. 그런데 아주 매력적이지만 위험한 주식이 있는가 하면, 매력은 좀 떨어져도 안정적인 주식도 있다.

연애도 마찬가지 아닌가! 매혹적인 이성은 가시가 있고, 나 좋다고 쫓아다니는 이성은 매력이 없다. 그가 나쁜 남자인 줄 잘 알지만 자꾸 끌리는 건 매력 말고는 딱히 설명할 길이 없듯이 말이다. 이건 믿거나 말거나 여담이지만, 왕년에 공부만 한 언니오빠야들보단 공부도 하면서 좀 놀아본 언니오빠야들이 주식을 더 잘 한다더라. 왜냐하면 그들은 인간의 본성, 타깃의 니즈, 타깃 공략법 등을 본능적으로 잘 아는 언니오빠야들이니까 그렇다는 썰이다.

세상에는 완벽한 게 없다. 어느 정도 밸런스가 맞아야 한다. 주식도 그렇다. 다만, 우리가 주식을 하면서 경계할 것은 한 번 나쁜 주식에 빠지면 패가망신한다는 점이다. 나의 소중한 재산이 들어가는데, 특히 필자는 거의 한 종목에 집중 투자하는 스타일인데, 만약 나쁜 주식을 만나 고생하면 우리 가족의 소중한 재산이 한순간에 날아갈 수 있음을 늘 상기시킨다. 제아무리 고수라도 나쁜 주식에 걸리면 망가지기 십상이다. 이렇게 말하는 나 또한 초창기 투자 시절, 주식으로 5억 원쯤 수익이 났을 때 자신감이 하늘을 찔렀고 생각보다 빨리 부자가 될 수 있겠다는 욕심이 판단을 흐리게 만든 경험이 있다. 그래서 코스닥 소형주에 몰빵했다가 거래정지 6개월을 당해 가슴을 쓸어내리기도 했다. 당시 약 6개월간 코스피와 코스닥 시장의 상황은 무척 안 좋았다. 아내는 '요즘 장이 안 좋다는데, 주식은 잘 되어가느냐?'고 묻곤 했는데, 나는 평소와 같다고 말했더니 아내가 고개를 갸우뚱거리기도 했던 것 같다. 주식이 회계감사 적정 이슈로 거래정지니 가격이 늘 같을 수밖에…

비록 6개월 후, 해당 주식의 거래가 재개되어 운 좋게 큰 수익을 낼 수 있었지만, 내가 몰빵한 주식이 거래정지 공시가 뜨는 순간, 머리가 멍해지는 느낌을 지금도 잊을 수 없다. 그리고 깨달았다. 내가 욕심에 눈이 멀어 있었음을 말이다. 지옥 같은 6개월간 하루하루 상장폐지의 공포와 함께하며 두 번 다시 위험한 종목에 투자하지 않겠노라 다짐, 또 다짐했다.

이렇듯 초창기 시절에는 좋고 나쁜 것도 몰랐다. 단순히 오를 것 같으면 사고, 그냥 뭔가 이슈가 있어 보이면 사고 그랬다. 필자의 초보 시절 매매는 대책 없이 용감하고 무식하며 무모했다. 책을 쓰기로 결심한 후 과거에 필자가 메모해둔 매우 개인적인 주식 관련 글들과 자료들을 꺼내어 다시 읽어보았다. '옛날엔 내가 이렇게 무모했고 철이 없었구나. 그리고 참 운이 좋았구나'라는 생각이 든다. 다만, 그런 나의 투자일지와 메모를 지켜보면서 한편으론 그때 저런 용기와 열정이 어디에서 솟아났는지, 실력을 떠나 그 패기만큼은 대단하다고 느낀다. 나는 여러 시행착오를 거치며 앞으로는 절대 그런 투자를 안 하겠다는 깨달음도 얻었으니 탓할 일만은 아닌 듯싶다. 투자 안목은 하루 아침에 만들어지는 것이 아님을 몸소 경험했다고나 할까.

이후로 필자는 종목을 고를 때 먼저 사람들이 좋아할 만한, 돈이 몰릴 만한 이슈가 있는지부터 살핀다. 그런 다음 현재 매출과 다년간의 영업이익 추이, 기업을 이끄는 CEO를 살펴본다. 심지어 CEO의 사진까지 띄워놓고 관상도 본다. 좋아 보이는지 나쁜 상인지, 사기꾼 인상인지 학자 스타일인지, 저돌적인지 등을 파악하려고 한다. '주식을 하는데, 관상까지 보느냐? 그걸 꼭 공부해야 하냐?'고 묻는다면 딱히 할 말은 없다. 그러나 나의 모든 재산을 투자하는 일인 만큼 확인할 수 있는 모든 걸 확인하고 들어가야 맘이 놓이고 직성이 풀린다.

아무리 매력 넘치는 종목이라도 우리가 반드시 확인해야 할 내용들이 있다. 몇 가지를 정리해 소개한다.

- 부도가 날 위험이 있는가?
- 전환사채(CB) 발행이 많은가?(주가를 누르고 전환사채 가격을 낮추고 있는가?: 리픽싱)
- 스톡옵션 발행에 몰두해 있는가?(이 경우, 사업을 하는지 주식으로 돈놀이 장사를 하겠다는 건지 분간이 안 간다.)
- 상속 관련 이슈는 없는가?
- 내부자들이 주식을 팔고 있는가?

위의 내용을 꼭 기억할 필요가 있다. 이런 기업들은 매력이 넘치는 듯 보여도 나쁜 주식으로 간주하는 게 정신 건강에 이롭다. 나도 저런 주식은 쳐다보지 않는다. 물려도, 정상적인 기업에 물리자. 만약 아직 미혼인 독자라면, 내가 기꺼이 책임질 만한 매력을 지닌, 그리고 존경할 만한 이성을 만나야 행복한 결혼이 될 수 있음을 기억하자. 그런 면에서 주식은 연애다. 그런 기업은 물려 있더라도 언젠가 본전에 탈출할 수 있는 기회 정도는 제공해준다.

⏻ 스윙트레이더 성현우의 **주식투자 리부트**

관상 이야기를 했다고 필자가 관상이나 풍수지리, 사주를 볼 줄 안다는 뜻이 아니니 오해 없으시길 바란다. 디민, 필자가 어린 시절에 접한 여러 책들 중 관상이나 풍수지리, 명상, 요가 등의 이야기에 관심이 조금 있었다. 그때

읽은 내용을 토대로 현 주식투자에 참고하는 수준이다. 필자가 서툰 관상까지 보며 투자한다는 이야기는 그만큼 확인할 수 있는 모든 걸 확인한다는 의미로 생각하셨으면 좋겠다. 부끄럽게도 나는 한문도 몇 자 모른다. 아무튼 나는 주식투자 시 관심이 가는 기업의 사옥 위치, 사옥의 디자인까지도 유심히 살핀다. 딱히 볼 줄 알아서 보는 건 아니고 그냥 습관처럼 보게 된다.

예전에 무슨 바이오 사업을 한답시고 시장을 떠들썩하게 한 후 엄청난 시세를 낸 기업의 본사 사진이 인터넷에서 화제가 된 적 있다. 분명 바이오기업이랬는데 사옥 위치는 시골이고, 장독대 몇 개를 가져다놨더라. 우리의 소중한 재산을 그런 곳에 쉽게 넣을 순 없다. 필자는 종잣돈이 좀 커진 이후로 시가총액 5,000억 원 이하의 주식은 잘 매매하지 않는다. 호가창이 너무 얇아 큰 물량이 들고 나갈 때 너무 티가 나고, 시세에 영향을 주기 때문이다. 과거엔 중소형 코스닥, 시총이 작은 기업에 투자할 때 2시간 넘게 운전하고 가서, 해당 기업이 짓는다는 공장부지까지 찾아가 기웃거리며 살피기도 했다. 회계사들이 이 말을 들으면 싫어하시겠지만, 재무제표는 네이버 종목 분석에 들어가 추이만 대충 봐도 파악이 된다. 사실 재무제표란 건 기업 입장에서 개미에게 작정하고 숨기려면 얼마든지 숨길 수 있다. 매출과 영업이익도 기업 상황에 따라 때때론 다음 분기로 이월해 반영하는 일들이 비일비재하다. 따라서 이런 정보에는 너무 깊숙이 파고들지 않는다. 다만, 그 기업이 현재 무엇으로 돈을 벌고, 시장의 반응이 어떤지 등은 인터넷 후기까지 검색해서 꼼꼼히 읽는 편이다. 그래도 미덥지 않으면, 직접 제품을 구매해 확인해야 직성이 풀린다. 한편으로는 그래서 사서 고생을 하고, 인생 참 피곤하게 산다는 이야기를 듣는 것 같다.

가격보다는 추세를 읽어라

사람들은 주식을 볼 때, 주로 현재의 가격부터 보려는 것 같다. 그러나 필자는 어제 오늘의 주가나 등락을 보는 대신 그 안에 숨겨진 흐름과 어떤 에너지가 있는지를 보려고 더 노력한다. 처음 어떤 주식을 만나 흐름을 파악할 때에는 단기 분봉이나 일봉보다 주봉과 월봉을 펼쳐놓고, 과거에 무슨 일이 있었는지, 이후 얼마의 조정을 거쳤는지, 바닥에서 어떤 힘으로 올라왔는지 추세와 기운을 파악한다.

- 주봉과 월봉을 펼친다
- 과거의 흐름을 눈여겨본다
- 조정이 있었는지, 어떤 힘으로 올랐는지를 살펴본다

<그림 8> 신세계인터내셔날 역배열 그래프[3]

그래서 되도록 장기이평선들이 역배열된 기업에 투자할 땐 특별히 주의를 더 기울인다. 자칫 반등으로 판단해 잘못 들어가면, 흐르는 이 평선 역배열 구간에서 물리면, 탈출이 힘들어진다. 정말 매력적으로 보일 때에는 손절 라인을 엄하게(타이트하게) 적용하고, 일정 부분은 언어터질 각오를 하고 들어간다.

주식도 인생처럼 살아온 과거가 현재에 영향을 준다. 관습이라고

---

3 필자가 2020년 말에 투자해 수익을 낸 신세계인터내셔날이 과거 역배열을 보여준 구간이다. 20만 원 때 역배열 초입 구간에서 잘못 물리면, 지하실 아래 지하 주차장이 우리를 기다린다. 100일 기도, 고행이 시작된다.

부르기도 하고, 업(業)으로 부르기도 한다. 〈테넷〉이라는 영화 속 대사 '일어날 일은 꼭 일어난다!'는 말은 우리 인생과 주식시장에도 적용된다. 될 놈은 되고, 갈 놈은 결국 가더라.

무속인들이 미래는 못 맞추어도 과거와 현재는 잘 맞추는 이유가 있다. 과거를 알면 현재를 어느 정도 알 수 있기 때문이다. 그래서 살아온 습관과 배경이 무서운 것이다. 주식도 과거의 흐름을 보면 미래를 대략 짐작할 수 있다. 필자는 주식에도 기운이 있다고 믿는다. 이평선의 역배열이라는 이야기는 거기에 들어간 개미들 대부분이 물려있다는 뜻이고, 승리의 기운보다 패배와 손절, 절망 등 부정적인 감정이 가득하는 의미다. 물론 그런 것들을 이기고 역배열을 정배열로 돌리면서 강한 에너지와 시세를 분출하는 기업들도 있다. 그러나 우리는 기다릴 시간도, 투자금도 한정적인 개미투자자에 불과하다.

따라서 마음 편히 투자하고 싶다면 일봉이라도 이평선 정배열을 만들었거나 만들어가면서 활기가 가득한, 물린 사람보다 새로 들어와 수익 낸 사람이 어느 정도 있는 주식이 스윙으로 시세를 내고 익절하기에 적합하다. 사람은 천성적으로 미련을 잘 버리지 못한다. 이런 미련은 주식에서도 아무짝에도 쓸모없는 감정이다. 아무리 좋은 주식, 애정과 관심을 쏟은 주식이라도 이미 시세를 주었고, 추세가 깨졌다고 보이거나 흐름이 바뀔 거란 판단이 들면 과감하게 익절하고 나와야 한다. 주식을 하면서 끝까지 먹겠다는 생각은 위험하다. 어느 정도 수익을 냈다면 큰 욕심을 접고 나올 줄 알아야 한다. 나는 '생선 대가리는 세력 형님들의 것이지, 내 몫이 아니다'라는 생각으로 매매를 한다.

필자는 좀 심하게 비유하자면, 세력 형님들 또는 검은머리 외국인 이나 기관 형님들이 차려놓은 밥상에 음식 냄새를 맡고 달려와 기생 하는 개미투자자다. 힘없는 개미가 형님들과 나란히 앉아 음식을 끝 까지 다 먹으려고 하면 분명 탈이 난다. 주식 상승의 끝은 개미가 예 측할 수 있는 영역이 아니다. 상승이 언제 끝날지의 여부는 늘 지난 후에나 알 수 있다. 어느 정도 수익을 냈다면 과감히 일어서는 절제가 필요하다. 그러나 때때로 '저 추세가 깨지기 전까지 한번 같이 가보겠 다'는 배짱도 동시에 필요한 곳이 주식판이다. 개인적인 생각이지만 필자는 매수는 너무 쉬운데, 매도가 항상 어렵다. 그래서 '매도는 예 술!'이라는 말에 완전 공감한다. 빨리 팔아도 후회, 늦게 팔아도 후회, 이래도 저래도 후회… 그래서 100% 완벽한 매도는 없다. 따라서 필 자는 어느 정도 자신과 타협해서 매도 기준을 잡는 편이다.

주가 사이클의 속성, 9대 3의 법칙

주가는 1년 내내 움직인다. 살아 숨 쉬는 생물이라는 표현이 딱 맞다. 주식은 시세로 숨을 쉰다. 영원히 오르는 주식도, 거꾸로 영원히 내리는 주식도 없다. 본 가치가 상승하더라도, 주식 가격은 그냥 조용히 올라주면 좋으련만 등락을 거듭하며 '혹시 지금이 고점은 아닌가?' 하는 불안의 벽을 타고 기어오른다. 필자는 종목마다 꽤 차이가 있지만, 1년 가운데 주식이 강한 시세를 주는 시간이 3개월이라고 생각한다. 12개월 중 3개월은 강한 시세를 뿜어내고, 나머지 시간은 횡보-하락한다. 일명 9대 3의 법칙이다. 상승하는 사이클에서도 마찬가지다. 강하게 시세를 주는 시간은 4분의 1 정도이고, 나머지 시간은 횡보-조정의 시간들이다. 어찌 보면, 주식은 오르는 시간보다 횡보-조정의 시간이 더 길다.

2020년 주식에 입문한 주린이들 입장에서는 2021년 봄 이후 찾아온 하락-박스권의 상황이 당황스러울 것이다. 하지만 사실 2020년에 보여준 강한 상승은 보기 드문 예외적 시장이었다. 오히려 지금처럼 조정이 오르내리길 반복하고, 그러다 이내 다시 오르는 것이 주식의 본래 모습이다. 종목마다 차이는 있겠지만, 필자는 기본적으로 주식이 강한 시세를 내는 1년 중 3개월, 월봉상 장대양봉 한두 개를 노리며 시세를 내는 편이다. 아무리 좋은 주식도 강한 상승을 주면, 조정이 따르게 마련이다. 물론, 장기투자자라면 그 조정의 시간마저 기꺼이 이겨낼 수 있겠지만, 개인 투자자가 수십 년 간 상승해온 삼성전자와 같은 종목을 골라내고, 이 기간을 함께 했다면 정말 대단한 안목을 가졌거나 행운이라고 말할 수 있다. 과거에 셀트리온 한 종목 또는 삼성전자 한 종목만 사모아 부자가 되시는 분들도 봤다. 그러나 대한민국 주식시장의 수많은 종목들 중 어떤 종목이 장기투자에 적합한지, 또 어떤 종목이 그렇게 될지 필자는 미리 알아낼 능력도 지혜도 없다.

그래서 나는 되도록 횡보가 끝나고 상승이 임박해 있거나, 이미 약간의 상승이 시작된 시점에 들어가서 가장 강한 시세를 주는 1~3개월까지만 취하고 던지는 스나이퍼 매매로 수익을 낸다. 추후 장에서 스나이퍼 매매를 자세히 다룰 테지만, 요점만 간략히 정리하면 '달삼쓰뱉'이다. 달면 삼키고, 쓰면 뱉는다. 주식의 사계절에서 가장 화려한 3개월은 취하고 나머지 고행과 고통의 9개월은 되도록 피하는 것이다. 그 시간엔 꿀벌마냥 다음에 꽃 피울 종목으로 이동한다. 이게 말은 쉬운데, 또 말처럼 쉽지가 않다. 내가 그 화려한 3개월을 함께하려면, 그 전에 쓰디쓴 1개월을 미리 들어가서 견뎌내야 하기 때문이다.

오를 주식 중에는 시련 없이 개미들만 좋으라고 쉽게 출발하는 주식은 없다. 신나게 막판까지 흔들고 개미들을 털어야 주식기차가 출발한다. 그래서 주식이 인생과 참 많이 닮았다. 인생도 크게 출발하기 전, 항상 시련부터 찾아온다. 인생도 큰 그림으로 보면 10년의 대운이 크게 두세 번 정도 들어오고, 그 대운 속에서 정말 좋다고 할 수 있는 세운은 길어야 3년이다. 10년 주기 운에서 3년이 상승기라면, 얼추 주식 사이클과 비슷한 모습이다. 큰 운이 들어오려면, 그 전에 반드시 역경과 역량을 시험하는 시기가 온다. 이를 이겨내면 인생도 주식도 그때부터 상승이 시작된다. 앞서 소개했듯이 나는 어떤 주식이 급등을 하면, 상승 이전에 어떤 과정을 거쳤는지부터 꼭 살펴본다. 과정 없이 올라간 주식은 길게 못 간다. 과정 없이 갑자기 성공한 인생도 무너지는 건 한순간 아니던가.

만약 장기투자에 관심이 있다면 하락과 횡보하는 1년 중 9개월을 이겨내야 달콤한 수익을 맛볼 수 있다. 나처럼 모멘텀에 따라 중기스윙을 하는 투자자라면, 그 하락의 끝에서 상승으로 돌아서는 사이클을 이해하고 투자해야만 투자기간과 수익을 극대화할 수 있다. 주가가 왜 1년 내내 박스권에 갇혀 있냐고? 원래 주식은 오르는 날보다 보합-하락하는 날이 더 많고, 그런 모습이 정상이다.

남들이 좋다고 하는 기업보다
내게 맞는 기업에 투자하라

2021년 초, 대형주들이 엄청난 시세를 줬다. LG전자가 10만 원을 뚫더니 파죽지세로 20만 원 향해 날았고, 대한민국 시총 1위 삼성전자가 6만 원 박스를 뚫고 한 달에 17%, 20%씩 오르며 9만 6,800원을 찍을 때 주린이들은 열광했다. 이재용 부회장을 예수로 그린 포스터가 돌아다니는가 하면, 시청 앞 광장을 빌려 주주총회를 열어도 자리가 모자랄 거란 이야기가 나돌았다. 개인적인 생각이지만 나는 삼성전자 투자를 썩 좋아하지 않는다. 기업이 나빠서가 아니라, 한 달 또는 수개월 간 중기로, 한 종목에서 최대 수익을 노리는 필자의 매매 스타일과 안 맞기 때문이다. 더군다나 나는 반도체 사이클을 예측하는 일도 어렵고 이해도 못 한다. 언젠가 MIT에서 반도체 관련 박사를 받은 한 선배에게 이런 질문을 했었다.

"형은 반도체 사이클로 삼성전자 주가를 맞출 수 있어요?"

선배의 대답은 '내가 그걸 알았으면 옛날에 전 재산 삼전에 넣고 부자가 됐겠지 이러고 있겠냐!'였다. 삼성에서 인재로 영입한 MIT 반도체 박사도 이해 못하는 반도체 사이클을 내가 이해할 리 만무하다. 그리고 삼성전자는 시총이 워낙 커 지수와 함께 움직이며 배당을 주는 가치주다. 이런 투자는 안정적인 수익과 배당수익을 바라는 큰손들에게나 어울린다. 아무리 좋은 글로벌 기업이라도 나와 안 맞으면 끝이다. 나는 되도록 내가 이해할 수 있는 산업에 투자하는 편이다. 초기에는 내 직업이 의사니까 바이오주에 투자도 해봤지만, 바이오주는 숨겨진 임상 실패 리스크가 너무 크다. 따라서 정말 기회라고 판단할 때만 스윙으로 투자하고, 그 외에는 실제 우리 실생활에서 접할 수 있는 서비스나 제품을 만드는 기업을 선호한다.

진료실에서 환자를 진료할 때 '시-청-타-촉', 즉 시진, 청진, 타진, 촉진으로 환자를 평가한다. 나는 주식을 평가할 때에도 이 방법을 적용하려 했다. 투자 초기, 종잣돈이 적었던 시절엔 바이오 기업에 투자했고 2017년 말에서 2018년 초까지는 셀트리온, 신라젠, 삼성바이오로직스, 신규 상장주 중에서는 앱클론, 티슈진 등에 투자했다. 그러나 지금은 바이오주에 손이 안 나간다. 불확실성이 높아 매매하지 않는 편이다. 나이 투지 스타일은 한 번에 전 재산을 넣는 것이다. 따라서 언제, 어느 때 임상 실패 등의 악재가 떠 자칫 폭락으로 치달을 수도 있는 바이오주에 투자가 꺼려진다. 그럼에도 바이오 주식에 관심

스윙트레이더 성현우의 **주식투자 리부트**

기억을 더듬어보니, 필자가 2017년 주식을 시작하고 3년차까지는 집을 구하면서도 전세 대신 월세를 살며 전세보증금마저 주식에 투자하는 식으로 종잣돈을 늘리는 데 집중했다. 그래도 신용매매는 하지 않았다. 바이오주야말로 하이리스크-하이리턴 종목이다. 특히 이미 시세가 나서 남들이 돈을 번 바이오주는 그야말로 위험이 한 가득이다. 그 주식이 더 갈 것으로 믿고 집중 투자를 한다면 조심, 또 조심해야 한다. 만약 바이오주에 투자를 하겠다면, 더군다나 어떤 형태의 레버리지든 빚을 이용해 공격적인 투자를 하겠다면, 누군가 대량으로 매집해 이미 수익이 나 있어, 언제든지 수익 실현하고 물량을 정리해서 나갈 수 있는 구간에서, 레버리지를 쓰면서 매수하는 행위는 남 좋은 일 시키고 본인이 위험에 빠지는 행위다. 필자는 2018년 초 코오롱생명과학, 티슈진 투자 이후 2년 동안 바이오주에 투자하지 않았다. 사실, 그 이후 바이오주에 투자하지 않겠다는 원칙도 세워놓았었다. 그런데 필자가 2021년 주식투자 중 가장 큰 수익을 올린 종목이 SK바이오사이언스니, 참 주식 모를 일이다. 바이오주에 투자하지 않는다는 원칙을 지킬 것인가, 아니면 기회라고 생각하면 기회를 잡을 것인가? 나는 정말 많은 고민에 빠졌다.

실제로 2018년 초 이후 2021년 5월까지, 바이오주는 쳐다보지도 단 한 번도 매매하지도 않았다. 스스로에게 물었다. 첫째, 만약 이 기회를 놓치면 후회할 것인가? 대답은 '네'였다. 둘째, 바이오주에 투자하지 않는다는 3년 전의 원칙을 고수할 것인가? 3년 전의 나와 2021년의 나에게 물었다. 지금은 과거와 달리 가능성 있는 바이오기업에 투자한 이후의 대응 능력이 예전보다 좀 더 나아졌다고 스스로를 믿었다. 그래서 필자는 내가 만든 원칙 또는 고정관념을 깨보기로 했다. 필자는 2018년 티슈진을 익절한 후, 티슈진이 역경을 맞고 거래정지까지 되는 모습을 똑똑히 지켜보았다. 바이오뿐 아니라, 코오롱 관련 주식은 웬만해선 투자하지 않겠다는 원칙도 세워두었는데, 2021년 코오롱인더스트리에 투자해 수익을 내면서 코오롱 관련 징크스와 SK바이오사이언스에 투자해서 바이오에 투자하지 않는다는 징크스까지, 필자가 주식을 하며 가졌던 두 가지 징크스를 모두 깨버리면서 돈을 벌었으니 나름 의미가 있다고 생각한다.

이 있고 투자하고 싶은 분들이라면, 여러 종목으로 리스크를 분산해 투자해야 수익이 날 수 있다고 생각한다.

남들이 이구동성으로 좋다고 평하는 삼성전자, 신약이 나오면 대박 날 수 있다는 바이오주가 아니라면 어떤 종목에 투자해야 좋을까? 자신의 주변을 관찰하면서 종목을 찾을 수 있다면 그게 최고의 투자 아닐까? 나의 사사로운 경험을 공유하겠다. 나는 한 달에 한두 번, 진료가 없는 일요일에 골프장에 간다. 그리고 골프장 주차장에서 사람들과 차량들을 살핀다. 어떤 차가 새로 나왔고, 타이어 메이커가 무엇인지, 사람들이 무슨 옷을 입었고, 어떤 신발을 신었으며, 심지어 그들의 골프채와 공까지도 관찰한다. 언젠가 한 선배와 골프를 칠 기회가 있었는데, 선배는 지포어라는 신발을 싸게 샀다고 자랑을 했다. 코오롱패션이 미국에서 수입해 론칭한 미국 브랜드였다. 필자는 패션업체 동향 공부를 해두었던 터라 코오롱패션이 코오롱인더스트리에 속해 있고, 골프 붐까지 불어 과거에 내가 알던 WACC, 엘로드 외에

새 라인업이 추가된 것이라고 판단했다. 그리고 더욱 파고들어 공부해보니, 패션도 패션이지만 코오롱의 주력은 꿈의 섬유라 불리는 아라미드와 신생사업으로는 수소차 관련 핵심부품도 생산하는 미래가 촉망한 기업이었다! 코오롱생명과 티슈진에 크게 데인 이후로 코오롱 관련 주식을 기피하는 징크스가 있었는데, 3년 전 과거의 경험으로 지금의 기회를 놓칠 수 없었다. 게다가 차트 분석도 들어갈 만한 자리라고 보여 기회다 싶었다. 그래서 2021년 5월, 6만 원대에서 대량 진입했다. 그리고 한 달간 홀딩하니 8만 원 위에서 어느 정도 시세가 나왔다. 당연히 전량 익절함으로써 한 달 만에 4억 3,000만 원의 수익이 났다. 필자의 친구들 중에는 '1년 중 한두 달, 길어야 석 달만 투자한다는데, 그럼 나머지 시간에는 뭐하냐?'고 묻곤 한다. 필자의 대답은 이렇다.

'만약 수익이 나는 상황이라면, 내가 어떤 때 수익 실현을 할지 상상해보고(정성적 판단), 이격이나 MACD,[4] RSI,[5] OBV,[6] 이평선, 캔들 등 어떤 기술적 지표를 기준으로 매도할지(정량적 판단) 고민하는 시간이 많다. 그리고 향후 또다시 어떤 기업에 투자할지, 현 시장에서 어떤 섹터로 돈이 흘러갈지 살피며 다음 화살을 준

---

4 MACD(Moving Average Convergence Divergence, 이동평균수렴 · 확산지수) : MACD는 과거의 가격 데이터 (대부분 증가)로부터 계산된 세 가지 시계열의 모음이다. 이 세 가지 시계열은 MACD 고유의 '신호', '평균', '확산' 이다. MACD는 장기지수이동평균과 단기지수이동평균 간의 차이다. 평균은 MACD 자체의 지수이동평균이다.

5 RSI(Relative Strength Index, 상대강대지수) : RSI는 일정 기간 동안 주가가 전일 가격에 비해 상승한 변화량과 하락한 변화량의 평균값을 구해 상승 변화량이 크면 과매수, 하락 변화량이 크면 과매도로 판단하는 방식이다

6 OBV(On Balalce Volume, 누적균형거래량) : OBV는 거래량 상관성을 표현한 보조지표다.

비하며 공부한다. 다음 화살을 어느 곳에, 언제, 어떻게 쏠지 심사숙고하는 시간을 보낸다. 이와 반대로 만약 내가 물려 있는 시간이라면 기도하는 마음으로 기다리며 진료로 돈을 조금씩 벌 때마다 한 주라도 더 싸게 추매한다. 때로는 추매가 위안이 되기도 한다. 1만 주나 사놓고 겨우 2주 추매하는 게 무슨 소용이 있을까만은 그래도 나의 심리적 안정에 도움이 된다.'

필자는 어떤 기업을 알아가는 일이 흥분되고 재미있다. 그리고 필자는 그 기업의 밝은 미래와 함께하기 위해 주식을 산다. 그 기업과 그 기업을 믿고 돈을 맡긴 주주가 함께 윈윈하는 그림이 바람직한 모습일 것이다. 그리고 기업의 오너는 해당 기업의 가치를 믿고 소중한 돈을 맡긴 주주들, 그 주식을 고마워하며 믿고 지지하는 주주들을 위해 노력해야 한다. 그러나 간혹 주주는 안중에 없고, 자신의 사리사욕만 채우는 기업, 오너들도 볼 수 있다. 관계라는 건 기본적으로 서로에게 고마움을 느껴야 오래 갈 수 있는 법이다.

한편, 기술적 분석으로는 분명 상승할 것 같아서 들어갔는데, 이상하게 나를 고생시킨 주식들도 몇 있다. 부부간에도 궁합이란 게 있듯, 기업과 투자하는 개인 사이에도 궁합이 잘 맞아야 한다. 어떤 주식에 투자할 때는, 그 주식에 감사한 마음이 들어야지 추매가 망설여지면 안 된다. 그 종목에서 느끼는 감정이 불안, 초조, 두려움뿐 긍정적인 면이 읽히지 않는다면 기술적 분석을 떠나 그 투자가 잘못된 투자로 이어질 수도 있다. 부부간에도 서로에게 고마움을 못 느끼면 갈라 서기도 한다. 하물며 주식은 헤어지지 않겠다는 서약을 한 것도 아니 니, 아니라는 판단이 들면 집착을 버리고 과감히 떠나보낼 줄 알아야 한다.

너무 큰 수익 욕심이 나를 괴롭힌다

  사람들이 주식을 하는 이유는 더 행복해지길 바라기 때문이다. 하지만 때론 행복을 위해, 가족을 위해 하는 투자가 독이 되어 돌아오기도 한다. 주식의 검은 날카로워서 상대를 베지 못하면 나 자신을 베는 흉기가 될 수도 있다. 따라서 우리는 주식이라는 전장에서 용맹하게 싸우더라도 때때로 내 손에 쥔 검이 나를 찌를 수 있다는 사실을 잊지 말아야 한다. 전투에서 지더라도 목숨을 부지하면, 다음 전투에 나설 수 있다. 그러나 모든 걸 걸었다가 그걸 다 잃으면, 다음 전투는 없다. 재테크 전쟁에서 패자로 남을 뿐이다. 5년 전, 재산이라곤 하나도 없어 마통과 전세를 월세로 바꾼 종잣논을 들고 주식에 입문했다. '전 재산을 주식에 넣고 잠이 오냐?'고 묻는 사람들도 있었다. 원래 난 생각이 많아 불면증이 좀 있는 편이기도 하다. 물론 매우 무모하게 보일 수도 있는 투자였다. 하지만 내가 늘 상기하며 잊지 않고자 했던 다짐이 있다.

'이 돈은 내 돈이 아니다. 가족의 미래를 담보로 빌린 돈이다!'

매번 승리하는 투자자는 없다. 누구나 잃을 수 있다. 하지만 벌 때 크게 벌고, 잃을 땐 최선을 다해 손실을 최소화해야 한다. 주식을 하다 보면 조급증에 빠지기 쉽다. 빨리 부자가 되고 싶은 생각 때문이다. 하지만 세상 모든 일이 생각처럼 호락호락하던가. 주식판도 결국 삶의 축소판인지라 우리 인생과 같다. 꾸준히 투자를 하면서 산전수전 겪어보는 건 일종의 수업이다. 더 잘 되기 위한 수업. 이런저런 경험은 나도 모르는 사이에 돈의 근육, 투자의 근육을 만들어준다. 운동이든 투자든 일단 근육이 붙어야 비로소 운동능력이 향상된다. 주식투자로 돈 좀 잃었다고 너무 낙심하지 말자. 완벽한 투자자, 흠결 없는 투자법은 세상에 없다. 내로라하는 투자자들도 종종 물리고 종종 손절한다. 만약 누군가 자신의 매매법이 최고라고 말한다면, 아마 그는 오만하거나 모자란 사람일 것이다. 필자 역시 치기 어린 시절엔 내가 최고라고 생각했다. 주식으로 언쟁이라도 붙으면 내가 맞니, 네가 맞니 하며 목소리 높여 싸우던 시절도 있었다. 지금 생각하면 철도 없고 부끄럽기 짝이 없다.

필자는 지난 5년간 남들이 평생 경험하지 못할 몇 억, 몇 십억 원으로 돈을 벌기도 잃기도 해봤다. 하루에도 몇 번씩 천당과 지옥을 오가며 희로애락을 응축해 겪으며 깨달은 건, 나 역시 평범한 개미일 뿐이고 고수는커녕 당장 내일의 주가도 못 맞추는 미천한 존재라는 사실이다. 다시 말하지만 나도 맞고, 너도 맞을 수 있으며, 나도 틀리고, 너도 틀릴 수 있는 곳이 주식시장이다. 시장 앞에 서면 내가 늘 작아 보인다. 그러나 정신 바짝 차리고 끊임없이 지켜보고 공부하다 보면, 언젠가는 지금보다 완벽한 투자자는 아닐지언정 한 사람의 인간으로, 또 투자자로 좀 더 성숙해져 있을 것이다.

주식투자 목표를 세울 때 3년 후엔 지금보다 큰돈을 벌겠어! 시장 상황에 휘둘리지 않는 성숙한 투자자가 될 테야! 이런 목표라면 괜찮다. 그러나 자신의 목표가 가령, 1년 안에 반드시 1억 원을 벌겠어! 이런 식이라면 곤란하다. 알게 모르게 1억 원이란 숫자에 집착하고, 그 1억 원의 목표보다 내 삶이 보잘것없이 느껴지면, 주식을 할 때 번번이 찾아오는 심적 부담과 고난의 파도를 견디기 힘들다. 너무 큰 수익 금액을 정해놓고 스스로를 고문하지 말자.

필자가 5억 원을 잃고 무너졌을 때, 마음을 다스리는 데 도움을 받은 책이 《주역》과 《명심보감》이다. 시간이 될 때마다 책을 보며 많은 위안을 얻었다. 거기에 이런 내용이 나온다.

대부유천(大富有天) 소부유근(小富有勤),
큰 부자는 하늘에 달려 있고, 작은 부자는 부지런함에 달려 있다.

한 달 수익률 10~20% 정도는 나의 부지런함과 노력에 따라 가능한 일이다. 그 이상은 하늘의 뜻이니, 내 노력이나 간절함과는 무관하다. 그러나 대부가 되려면, 먼저 소부가 되어야 한다. 《명심보감》이 알려주듯 그것은 나의 노력으로 충분히 가능한 일이라고 생각한다.

시장에서 감정을 읽어라

　필자가 주식투자로 큰 수익을 낼 수 있었던 건 운이 좋아서였을까, 실력이 좋아서였을까? 가끔씩 나에게 묻지만 사실 잘 모르겠다. 그래도 남들보다 돈 좀 벌었으니 운이 따랐겠거니 싶다가도, 운이 5년 동안 지속되기가 결코 쉽지 않은데, 그럼 실력인가? 하는 궁금증도 생긴다. 수익을 낸 사람보다 잃는 사람이 더 많다는 이 시장에서 그나마 필자가 남들보다 좀 더 신경 쓰고 공부한 부분이 있다. 다름 아닌, 호가창의 숫자와 차트를 보며 시장 참여자들의 감정을 읽으려고 노력한 점이다. 많은 투자자들이 가격이나 지수에만 신경 쓸 때, 나는 지수 너머 시장 참여자들의 감정, 차트 너머 해당 종목 칩어사들의 감정을 읽으려고 애썼다. 그린 노력이 수익으로 이어졌다고 진단한다.

　필자 주변에는 '어떻게 해야 당신처럼 주식을 잘 할 수 있느냐?'고 묻는 분들이 많다. 가장 많이 듣는 질문 중 하나다. 그런데 유감스럽게도 이를 한마디로 알아듣기 쉽게 딱 잘라 설명하기가 어렵다. 주식을 좀 해보니, 어떤 때는 왠지 감이 오는데, 그 감이란 게 공부로만 되는 게 아니고 공부와 더불어 경험을 쌓아야만 느낌이 온다. 공부와 경험이 쌓이면 매매 기술이 점점 다듬어지고 날카로워진다고 생각한다.

유튜브 채널의 골프레슨을 매일 시청해도 결국 스윙이 정확하고 날카로워지려면 연습장에 나가 직접 골프채를 휘둘러봐야 한다. 연습장 스윙이 아무리 마음에 들어도 필드에 나가 휘두르는 건 또 다른 얘기다. 연습장 스윙만 믿고 시건방 떨다 필드에서 깨져본 경험, '이건 내가 꿈꾸던 라운딩이 아니야…' 하며 고개를 좌우로 흔든 기억이 한두 번이었던가! 프로들은 자신의 스윙을 잊고 본능에 맡긴다고 한다. 그 본능을 위해 평소 꾸준히 연습을 한다. 주식도 매한가지다. 머리가 아니라 어느 순간 감이 찾아온다. 언제 투자해야 하고, 베팅해야 할지… 언제 기다리고 참아야 하는지의 분별은 공부가 아닌 감의 영역이다.

분별은 공부로 얻을 수 없다. 가령 캔들차트 하나만 보면, 그냥 캔들차트다. 그러나 차트가 보여주는 분봉을 통해 시장 참여자들의 감정이 어떨지 상상해보면, 1차원적인 차트가 좀 더 입체적으로 보인다. 호가창도 그렇다. 나는 호가창을 보며 참여자들의 감정이 어떨지를 상상한다. 간혹 어떤 종목이 긴가민가할 때, 호가창이 얇은 종목에서 몇 호가를 얼마 꼴아박을 각오도 하고, 일부러 호가창 6~10개 정도를 먹고 계속 무모하게 매수하면서 올라가보기도 한다. 그러면 뒷짐 지고 있는 세력이든, 그 종목의 터줏대감이든 누군가가 나타나 '너 좀 꺼질래, 나갈래!' 하고 겁주며 화를 내는 감정이 느껴진다. 이건 자칭 세력 테스트라고 부르는 일종의 게임인데, 재미난 사실은 주포마다 성격이 다르다는 점이다. 어떤 주포는 꼼꼼하고, 어떤 주포는 화끈하며, 어떤 주포는 쪼잔하다. 이렇듯 호가창을 살펴보면 주포의 성격뿐 아니라, 그가 어떻게 매매하고 호가창 관리를 어떻게 하는지도 알 수 있다.

호가창과 차트를 보면서 주포가 똑똑한지 멍청한지 구분하고, 나보다 매매가 한 수 위라고 느껴지면 대응하지 않는다. 대응해봐야 나보다 똑똑하기 때문에 그들의 속임수에 걸리고, 물량을 털릴 수밖에 없다. 상대가 나보다 세다고 느껴지면, 아르마딜로(Armadillo)[7] 작전으로 넘어간다. 그러면 무대포로 버티기 작전 또는 물린 경우라면 백일기도 매매에 들어간다. 백일기도 매매란 크게 물려 더 살 돈도 없을 때, 그냥 내가 할 수 있는 기도나 하며 버티는 일이다. 내가 아는 세상의 모든 신의 이름을 부르며 간절히 기도하면 간혹(?) 올려주기도 한다.

지수도 주식도 숫자로 움직이지만, 움직이는 숫자 뒤에서 그 숫자를 움직이는 건 결국 인간이다. 더 정확히 말하자면 인간의 욕망과 감정이다. 이를 인지해야 한다. 코스톨라니 할아버지가 말하지 않았던가. 모두가 흥분할 때 팔고, 모두가 공포에 질렸을 때 사라고… 누구

---

7 궁지에 몰리면 자신의 갑피 속에 웅크리는 포유류 아르마딜로의 생태를 비유한 것이다.

나 알 만한 이야기를 실천하지 못하는 이유는 우리가 감정에서 자유롭지 못한 존재이기 때문이다.

필자의 진료실에 놓인 컴퓨터는 진료용이라는 목적이 있기 때문에 나는 그 흔한 HTS를 깔지도 않았다. 진료를 해야 하니 열어볼 수도 없고, 열어볼 생각도 안 한다. 대신에 나는 지난 5년간 휴대폰 MTS로 주식투자를 해왔다. 지금은 적응이 되어 딱히 불편한 점도 모르겠다. 단타매매를 하는 것도 아니고, 한 번 사면 짧게는 몇 주에서 길면 몇 달간 들고 있다가 적당한 시점에 털고 나오는 스타일인지라 컴퓨터 HTS 화면으로 차트를 모니터링할 이유도 없다. 기민하게 시장 변화에 대응하지도 않고, 그럴 시간도 없다. 그렇다고 이런저런 지표를 보며 매매하지도 않는다. 그냥 시간이 나면 라디오를 틀어놓듯, MTS에 접속해서 호가창과 차트를 열고 오늘은 누가 몇 주나 사는지, 현재 시장 참여자들의 감정이 무엇인지 헤아려본다. 꼬시는지, 겁을 주는지, 지쳤는지, 포기하는지 말이다.

"

중요한 것은 자신의 감정 컨트롤이다.
즉 손실에 대한 공포나 더 큰 이익에 대한
탐욕을 스스로 통제할 줄 아는
능력을 길러야 한다.

"

– 제럴드 로브

3장 _____

스윙트레이더의 원샷 원킬,
스나이퍼 매매법

주식투자에 여유는 없다. 진심을 다하라

가끔씩 여윳돈으로 여유롭게 투자한다는 분들을 만나기도 한다. 미안하지만 여윳돈으로 투자한 돈은 여윳돈이 될 뿐이다. 정말 큰돈이 되길 바란다면 내가 투자한 돈이 많고 적고를 떠나, 모든 걸 바쳐서 투자해야 한다. 그렇게 해도 될까 말까 한 일이다. 필자의 초기 종잣돈은 1,000만 원이었다. 처음 6개월 정도는 주로 셀트리온을 사고팔았는데 결과가 좋지 않았다. 그러다 어느 순간 '이제는 더 크게 얻어터지지 않겠구나'라는 판단이 섰고 그때부터 투자금을 조금씩 늘려갔다. 운 좋게 2017년 말 신라젠 주식으로 200% 이상 수익이 나면서 난생 처음 빌린 돈이 아닌 오롯이 내 돈 1억 원을 손에 쥘 수 있었다.

그때부터 본격적인 주식투자 인생이 시작됐다. 이제 막 주식에 입문한 주린이라면, 자기돈 100만 원, 1,000만 원으로 어떻게든 돈을 불려 그 승리의 경험을 몸에 익혀야 한다. 1억 원의 종잣돈이 생기자 '정말로 주식으로 돈을 벌 수 있고, 진짜 주식으로 내집을 살 수 있겠구나'라는 가능성을 엿보았다. 이후 누가 시키지 않아도 노동으로 일하고 남는 모든 시간을 주식투자 공부에 힘썼고, 또 투자했다.

언제, 어떻게 살 것인가
If you only had one shot

    이제 스윙트레이더인 필자의 매매기법과 실전 원샷, 원킬 스나이퍼 매매사례를 소개할 차례다. 왠지 스나이퍼라고 하면 멋진 영화가 떠오르지 않는가? 〈아메리칸 스나이퍼〉, 〈에너미 앳 더 게이트〉 등 스나이퍼가 등장하는 영화들을 보면서 필자는 스나이퍼를 동경했고, 가끔은 고독한 스나이퍼가 된 나 자신을 상상해보곤 했다.

    어둠 속에서 숨죽인 채 타깃을 조준하는 스나이퍼! 총알은 단 하나, 방아쇠를 당기면 게임은 끝이다. 그런데 스나이퍼는 방아쇠를 당기는 순간 자신의 위치가 노출된다. 타깃을 잡든가, 위치가 노출되어 꼼짝없이 포위되어 죽든가, 둘 중 하나다. 스나이퍼는 찰나의 순간, 단 한 발을 쏘기 위해 며칠씩 기다리기도 한다.

"If you had one shot or one opportunity to seize everything you ever wanted in one moment, would you capture it or just let it slip?"(만약 당신의 인생을 바꾸어줄 단 한 방의 총알, 또는 기회가 온다면 잡을 것인가, 아니면 그냥 흘려보낼 것인가?) — 영화 〈8miles〉의 주제곡 가사 중에서

필자의 매매 스타일은 시간에 따라 많이 바뀌었다. 초기에는 특별한 계획이나 생각도 없이 마구 사재꼈다. 막 사고, 막 팔고 그랬다. 아침에 거래량이 터지는 종목, 뉴스를 보다가 속보로 호재가 뜬 종목에 들어가 단타를 쳤다가 물려도 보았다. 이런 식의 매매는 라이프스타일과 안 맞았고, 숱한 시행착오(얻어터졌다는 이야기다)를 거쳐 내린 결론은 '단타와 단기스윙은 나와 안 맞는다!'였다. 직장인 투자자들도 마찬가지일 것 같다. 변동성에 따라 실시간 대응해야 하는 단기매매는 아무래도 힘들다. 하루 종일 주식 호가창을 들여다볼 시간도 여유도 없을 테니 말이다.

여러 종목을 산 후 장기간 기다리는 매매 역시 또한 필자와 안 맞았다. 무엇보다 주식 재테크로 큰돈을 벌어 집을 사겠다는 목적과도 멀어보였다. 일하는 데 방해받지 않고 투자할 수 있는 방법을 좇아 자연스럽게 일과 투자를 병행하다 보니 지금의 매매 스타일이 만들어진 듯하다. 필자는 포트폴리오 투자를 지양한다. 내가 추구하는 고수익과 거리가 멀기 때문이다. 위험은 헷지하면서 안정적인 수익을 추구하는 투자자, 특히 자금을 많이 갖고 있는 분들이라면 이 방법이 유

용할 수도 있다. 그러나 애당초 빈손에 가까웠던 나는 주식투자 리스크를 헷지하고 자시고 할 자금이 없었다. 인생은 선택과 집중이라고 했다. 나는 선택과 집중의 방법을 택했다. 나는 3억 원의 빚이 있었고, 씀씀이를 줄여 허리띠를 졸라매며 갚는 방법과 종잣돈으로 투자를 해서 빚을 갚고, 나아가 집을 사는 길 두 가지 방법 중 후자를 선택했다. 그리고 1년에 적어도 1억 원 이상의 수익을 올리고 수년 안에 집을 사기 위해 한 번에 한 종목씩만 매매하며 집중했다. 하루에도 큰돈을 벌거나 잃을 수 있는 주식을 하면, 당연히 그 사람의 성격이 드러난다. 투자기법은 자기 성격이 반영될 수밖에 없다. 필자의 성격, 자금 상황, 라이프스타일을 모두 고려해 한 번에 한 종목 골라 원샷, 원킬! 하는 스나이퍼 매매가 그렇게 만들어졌다. 넉넉지 않은 투자금을 집중해 짧으면 2주, 길면 6개월 정도 지켜보다 주식이 에너지를 분출할 때 시세를 타고 수익을 낸다. 타깃을 노리는 고독한 스나이퍼처럼 말이다.

　나는 이 방법이 가장 마음 편했고 결과도 좋았다. 슈퍼개미 남석관 선생님은《평생 부자로 사는 주식투자》라는 책에서 '대한민국 주식시장은 트렌드가 너무 빨리 바뀌고, 테마도 자주 바뀌어서 6개월 이상 장기투자가 힘들다'라고 우리 시장을 진단한 바 있다. 그런 면에서 필자의 스나이퍼 매매법은 6개월 안에 승부를 보는 것이니, 시장 상황에 걸맞은 투자였다고 본다. 우리가 시장과 종목을 지켜보는 이유는 시장이 주는 미세한 신호를 알아차리기 위함이다. 이는 지켜보지 않으면 놓치기 쉽다. 어떤 종목이든 패턴이 있다. 그 패턴에서 벗어나면 변화가 임박했다는 신호인데, 주식투자자라면 이 사실을 항상 기억할 필요가 있다.

나는 1년에 많아야 3~5종목 정도만 매매한다. 기간은 짧게는 한 달, 길게는 상황에 따라 6개월까지 투자한다. 어떤 종목을 살 때부터 기간을 정해놓는 건 아니다. 다만, 그때그때 상황에 따라 내가 바라던 시세가 어느 정도 나왔다고 판단하면 팔고 나온다. 사실, 내가 주식을 처음 시작한 이후 지금까지의 시장 상황은 대부분 하락과 횡보를 반복한 시기였다. 물론 2020년 3월부터 연말까지를 제외하곤 말이다. 앞서도 밝혔지만 남들이 다 큰 수익을 거뒀다는 그 시장에서 나는 큰 재미를 못 봤다. 아무튼 내가 하락과 횡보를 반복하는 약세장, 박스권에서 수익을 낼 수 있었던 건 개별종목에서 빠르게 1~3개월간 시세가 날 때에만 수익을 내고 버리는 전략을 택했기 때문이다. 지난 5년 간 언제나 주식 100%, 현금 0%였고 투자한 지 3년 후부터는 신용도 일부 활용했다. 특별한 경우가 아니면 늘 현금 0%, 주식 100%였다. 현금 비중을 40% 정도 유지하라는 조언도 잘 알지만, '기면 기고 아니면 아닌' 성격 탓에 늘 가지고 있는 현금 100% 투자를 했다. 그렇게 할 수 있는 원동력은 나름 실력에 대한 확신도 있었지만, 행여 그 현금 100% 중 5% 또는 10% 마이너스가 나더라도 정해진 원칙 안에서 손절하고, 그 손절만큼은 외면하지 않고 책임지겠다는 각오가 있었기 때문이다.

하락-횡보, 박스권을 오르내리는 시장에서 상승 종목만 골라 매매해 수익을 내기는 했지만, 필자는 투자 고수나 천재가 아니다. 그냥 지나고 보니 장의 성격이나 테마가 그때그때 바뀌고 급변함에 따라 잘 대응한 것뿐이다. 장기투자나 가치투자를 하기 힘든 우리나라 시장 상황에 그나마 걸맞은 투자였다고 생각한다. 사실 한국 주식시장에서 장기투자나 가치투자를 한다는 건 생각보다 꽤 어렵다.

제목처럼 '언제 어떻게 살 것인가?'라는 내용을 쓰기 위해 필자가 지난 시간 동안 어떻게 매매했는지 자료를 뒤적거렸다. 고백하자면 정형화된 공식, 즉 '이런 때 사고, 이런 때 판다'는 건 없었다. 개인적인 생각이지만, 누군가가 말하는 자신만의 원칙이란 것들 대부분은 사실 돈을 벌기 위해서가 아닌 크게 얻어터지지 않기 위한 방어 기술이라고 본다. 돈 잃지 않고 오로지 수익만 낼 수 있는 완벽한 원칙은 존재하지 않을 수 있다. 다만, 지난 필자의 매매를 복기해봤더니, 공통점이 있었다. 나는 기본적으로 장기이평선들이 역배열에서 정배열로 바뀌는 구간에서 물량을 대량으로 매수하고 들어간다. 그리고 정배열에서 분출하는 시세를 취하고 한꺼번에 던지는 스나이퍼 매매로 수익을 낸다. 예컨대 아모레퍼시픽의 2019년 일봉을 살펴보자.

2019년 8월, 공포가 극에 달한 모습이다. 이전에 발표된 분기 매출이 망가지자 주가는 바닥을 뚫을 듯 주저앉으며 끝도 없이 내려갔다. 8월 초, 최저가 11만 8,000원을 찍은 후 먼저 5일선이 20일선을 뚫는 골든크로스가 나타났고, 이후에 60일선과 120일선마저 뚫으며 이평선들이 역배열에서 정배열로 바뀐다. 필자는 역배열 구간 15만 원 이하에서 들어가 정배열로 바뀌는 20만 원대 구간에서, 기간으로 말하

<그림 9> 아모레퍼시픽 일봉(2019년 5월~2020년 2월)

자면 7~12월까지 3억 원의 수익을 냈다. 그러나 만족할 만한 매매는 아니었다. 그 자세한 내막은 '쫄리면 뒤지시던가! 반대매매의 추억'에서 다시 소개한다. 차트를 하나 더 살펴보자. 필자가 2021년 2월부터 5월 초까지 투자한 휠라홀딩스다.

장기이평선들을 보면 5일선과 20일선은 역배열이지만, 아직 60일선과 120선은 정배열이다. 이 차트의 또 하나 특징은 이평선들이 모여 있다는 점이다. 이평선이 모였다는 건 무슨 의미일까? 이평선이 모

<그림 10> 휠라홀딩스 일봉(2020년 11월~2021년 8월)

여 있을 때, 아래에서 위로는 강력한 저항이 위에서 아래로 뚫을 때에는 강력한 지지선이 된다. 왜냐하면 모두가 알고 있고, 모두가 지키고 싶으며, 모두가 사고 싶은 가격의 평균선이기 때문이다. 결과론적인 이야기지만, 휠라홀딩스는 팬데믹 상황임에도 불구하고 미국 자회사 아쿠쉬네트의 골프 매출이 폭발하면서 5~6월 두 달간 큰 시세를 주었고, 이평선들이 부분 역배열에서 정배열로 바뀌었다. 주식투자에서는 이평선을 읽는 것도 중요하지만, 앞으로 이평선 배열이 어떻게 바뀔 것인가를 끊임없이 상상하면서 투자해야 도움이 된다. 가격은 늘

변하고 이평선은 과거 가격들의 평균이다. 주식이 떨어지면 이평선이 고개를 처박고, 주식이 오르면 역배열은 정배열로 바뀐다.

한편, 이미 정배열이 되고 이평선이 벌어졌다는 건 가격이 올랐다는 뜻이다. 주식투자의 목적은 수익인데, 정배열된 주식에 나아가 이격까지 벌어졌다면, 이미 시세가 나온 경우가 많다. 물론, 정배열 상태에서 폭발하는 주식에 눌림목을 노리는 기법도 있다. 그러나 이는 필자가 거의 구사하지 않는 매매법이다. 이미 시세가 났으니 큰 물량으로 한꺼번에 들어갔다가는 자칫 크게 물릴 수도 있으니까… 그래서 필자는 되도록 한 번에 싼 구간을 노려 대량으로 들어갔다가 비싸게 팔고 나오는 전략을 선호한다. 주로 큰돈을 넣기 때문에 눌림목 매매에서 잘못 걸리면 손절도 못한 채 바늘에 코가 꿰인 처량한 물고기 신세가 될 수도 있다.

필자가 주식을 하면서 늘 명심했던 매수 원칙 하나는 이미 오른 주식, 비싼 주식, 급등해서 시세가 나온 주식은 아무리 달콤한 장밋빛 미래로 손짓해도 내 것이 아니라는 생각으로 건드리지 않았다. 물론, 이미 오른 주식이 더 오를 수도 있다. '가는 놈이 더 간다'는 주식 격언도 있지 않던가. 다만, 오른 주식은 그만큼 크게 떨어질 확률이 높다. 필자는 한 번 들어가면 전 재산을 넣는 스타일이기에 상방은 이미 올라서 제한적인데, 하방은 크게 열려 있는 주식은 내 것이 아니라는 생각으로 건드리지 않는다. 이렇게 하면 아무리 장대양봉으로 유혹하더라도 절제할 수 있다. 어쩌면 필자가 전 재산을 걸고 5년간 투자하면서도 망하지 않고 살아남은 가장 큰 이유는, 오른 주식은 건드리지 않았고 승부를 걸 만한 구간과 가격에서만 승부를 걸었기 때문이다. 이미 오른 주식이 더 갈 수도 있지만 이미 오른 주식은 내 것이 아니라는 생각으로 매매하면 다 물리거나 하루아침에 원금을 모두 날리는 거지가 될 일은 없다.

스나이퍼는 총알을 함부로 사용하지 않는다. 그렇다면 승부는 언제, 어떤 상황에서 걸어야 할까? 필자가 승부를 거는 구간은 해당 주식이 매력적으로 보이고, 주가가 하방은 경직되고 상방이 열려 있는 구간이다. 하방이 경직됐다는 건 행여 주식이 그 수준 이상 떨어지면 개미인 나도 마이너스가 나겠지만, 세력들도 마이너스가 나는 구간이다. 이미 오른 주식은 떨어져도 늦게 진입한 개미들은 마이너스지만, 이미 충분히 시세가 나왔기에 오랜 기간 매집한 세력들은 언제 팔아도 수익 구간이다. 이런 구간에서는, 나는 사는 순간 물려 못 나가지만, 그들은 언제든지 나갈 수 있다. 따라서 나는 들어가는 순간, 스스로를 불리한 환경에 몰아넣고 어려운 승부를 해야 한다. 반대로 주가가 떨어지면 나도 마이너스 수익이지만, 세력들도 마이너스인 구간이라면, 그리고 그 종목의 미래가 밝다면, 세력들도 그 종목을 버리는 게 아닌 이상 그 상황에서는 일정 수준 이상 떨구기 힘들다. 그런 구간이라면 필자는 '자신 있으면 더 떨궈보든가!'라는 생각으로 모든 걸 걸고 투자했다.

차트를 보면서 진입 시점을 노리기는 해도 차트 분석이 늘 정답은 아니다. 내가 하고 싶은 이야기는 주식은 종합예술이란 점이다. 하나만 가지고 되는 게 아니다. 언제 살 것인가에서 차트는 기본적인 기초

변수 중 하나다. 더 중요한 건 천지인 투자법에서 소개했듯 현재 시장 상황과 현재 종합주가지수, 현재 산업이 속한 해당 섹터도 파악해야 한다. 그런 후 차트를 보고 최종 판단을 내린다. 스나이퍼가 총알을 언제 쏠지 결정하는 일은 목숨 걸고 하는 일이다. 단순히 차트만 보고 천편일률적으로 들어갈지 말지를 결정해서는 안 된다.

얼마를 투자할 것인가 감당하실 수 있겠습니까?

　나는 개미투자자다. 당연히 주식으로 돈을 벌고 싶은 개미투자자의 편이다. 외람된 이야기지만, 돈 많고 정보력까지 갖춘 기관이나 외국인은 좀 물려도 된다고 생각한다. 그들은 개미와 비교할 수 없을 만큼 세력 면에서나 자금 면에서 월등하다. 뿐만 아니라 종목도 여럿 갖고 있다. 여기서 깨지면 저기서 만회하면 그만이다. 가령 어떤 종목에 100억 원 넣었는데 물리면, 100억 더 물을 타면 된다(투자업계 관계자들이 이 글을 보면 화를 내겠지만, 솔직히 개미가 볼 땐 그렇다). 그러나 개미들은 대부분 사활을 걸고 투자한다. 잃으면 끝이다. 먹고 살기 바쁘고 투자금도 제한적이다.

　필자의 초기 종잣돈은 1,000만 원이었다. 처음 6개월 정도는 주로 셀트리온을 사고팔았는데 결과가 좋지 않았다. 그러다 어느 순간 '이제는 더 크게 엎어지지 않겠구나'라는 판단이 섰고 그때부터 투자금을 조금씩 늘려갔다. 운 좋게 2017년 말 신라젠 주식으로 200% 이상 수익이 나면서 난생 처음 빌린 돈이 아닌 오롯이 내 돈 1억 원을 손에 쥘 수 있었다. 그때부터 본격적인 주식투자 인생이 시작됐다. 이제 막 주식에 입문한 주린이라면, 자기돈 100만 원, 1,000만 원으로 어떻게든 돈을 불려 그 승리의 경험을 몸에 익혀야 한다. 1억 원의 종잣돈이 생기자 '정말로 주식으로 돈을 벌 수 있고, 진짜 주식으로 내 집을 살 수 있겠구나'라는 가능성을 엿보게 되었다. 이후 누가 시키지 않아도 노동으로 일하고 남는 모든 시간을 주식투자 공부에 힘썼고, 또 투자했다. 가끔 여윳돈으로 여유롭게 투자한다는 분들을 만나기도 한다. 미안하지만 여윳돈으로 투자한 돈은 여윳돈이 될 뿐이다. 정말 큰돈이 되길 바란다면 내가 투자한 돈이 많고 적고를 떠나, 모든 걸 바쳐서 투자해야 한다. 그렇게 해도 될까 말까 한 일이다.

한편, 얼마를 투자할까라는 이야기를 하려니, 5년간 늘 전 재산을 한 종목에 투자해온 철부지 투자자가 과연 어떤 조언을 들려드릴 수 있을지 고민이 앞선다. 그럼에도 불구하고 조언을 하자면, 처음 투자 시 한 달 수입의 1~3배 정도 수준의 돈으로 매매해볼 것을 권한다.

주식을 처음 시작하면서 운 좋게 수익이 좀 나면, '내가 혹시 한국의 피터 린치, 조지 소로스가 아닐까? 내 재능이 주식투자인데, 지금까지 뭐하고 살았나?'라는 김칫국물 마시기, 약도 없는 확증편향에 사로잡힐 수 있다. 그러다 계좌 색깔이 파랗게 변하면 '내가 하는 일이 다 그렇지 뭐…' 자책 모드에 들어간다. 초보 시절에는 벌기보다 깨진다는 생각, 깨져도 뭔가 배우겠다는 생각으로 투자를 해야 마음이 편하다. 그래서 한 달 수입의 1~3배 정도의 투자금액이 적당하다. 설령 모두 잃더라도 석 달 열심히 일해서 갚으면 된다는 각오로 접근하면 무리가 안 될 것 같다. 누구나 처음엔 꿈과 희망을 가득 품고 투자에 나서지만, 만약 잘못 됐을 때 이를 감당할 수 있는 현실을 인지하는 것도 중요하다. 그리고 한 가지 더, 처음부터 좀 깨져봐야 주식이 무서운 줄도 안다. 주식에서 가장 위험한 부류가 하룻강아지들이다. 나 역시 하룻강아지 시절엔 겁이 없었다. 특히, 돈 좀 있는 하룻강아지가 제일 위험하다. 이게 무슨 말이냐 하면, 만약 2020년처럼 장이 좋을 때 '누구나 돈 벌 수 있다'는 이야기만 믿고 주식에 발을 디뎠다면, 그래서 자신이 초보임을 잊은 채 억 단위로 삼성전자, 하이닉스, LG화학을 샀다면 꽤 수익이 났을 것이다. 계좌에 불어난 수익을 바라보면서 지금까지 바보처럼 살아온 자신을 원망한다.

'난 천재야. 이 재능을 이제야 발견하다니. 1억을 넣었더니 이만큼인데 5억을 넣으면 어떻게 되는 거야? 더 이상 일은 안 해도 되겠는걸!'

수익이 난 것에 만족 못하고 급기야 끌어다 쓸 수 있는 돈을 다 모아 올인한다. 그런데 웬길! 2021년 3월부터 장이 빠지지 시작한다. 돈 있는 하룻강아지들은 빠졌을 때 더 사야 한다는 반등만 믿고 물려 있음에도 또다시 돈을 묻는다. '우량주니까, 가치주니까, 반드시 오르겠지!' 그리고 삼성전자 관련 기사마다 몰려다니며 가즈아!를 외치고 타도 공매도를 외치며 자신도 모르는 사이에 사회운동가가 되어간다. 주식이 때로는 사람들의 신념마저 바꾸어버리는 웃픈 현실이다.

　주식을 처음 배울 때 버는 것보다 차라리 얻어터지는 게 나을 수도 있다. 무리가 되지 않는 수준의 돈으로 시작해 잃어도 보고, 터져보면서 주식 무서운 줄 알고 또 그 안에서 가능성을 진지하게 살펴보는 것이다. 거꾸로 큰돈으로 시작해 처음부터 큰 수익이 나면 그것만큼 위험한 게 없다. 주식 무서운 줄 모르고 무모하게 덤비다 비싼 수업료만 치른 후 시장을 떠나는 분들이 비일비재하다. 필자가 하고 싶은 이야기는 자신이 선택한 행동이 실패했을 때, 어떤 결과가 나타날지 예측하고 투자하자는 것이다. 주식투자로 얼마를 벌겠다는 희망을 갖는 것도 중요하지만, 그보다 더 중요한 건 일이 틀어졌을 때 내가 얼마까지 잃고, 그걸 감당할 수 있는가를 가늠해보는 일이다. 투자 전부터 깨질 생각을 먼저 하니까 어색하겠지만, 핵주먹 마이크 타이슨은 누구나 얻어터지기 전까진 그럴싸한 계획이 있다고 말했다. 드라마 〈스카이 캐슬〉의 김주형 선생은 입가에 웃음기를 싹 빼고 이렇게 묻기도 했다.

　'감당하실 수 있겠습니까?'

　아직 내게 오지 않은 승리에 도취되기보다 일이 잘못되었을 때 책임지겠다는 자세가 더 중요하다는 이야기를 말씀드리고 싶다. 상한가를 따라잡든, 하한가 잡든 투자자의 자유다. 시장에 정해진 룰은 없다. 다만, 자신의 선택이 잘못되었을 때 스스로 어떤 책임을 질 수 있는지 한번 생각해보자. 현금도 모자라 신용에 미수까지 질러놓았는데, 다음날 폭락해 깡통계좌가 되었다면, 그는 올바른 투자를 한 게 아니다. 설령 그런 식으로 한두 번 큰돈을 벌었더라도 그 돈은 곧 단 한 번의 실수로 날아가고 만다. 투자의 고수, 전설의 투자자들 중에서도 감당하지 못할 금액으로 투자했다가, 결국 실패해 시장에서 사라진 분들이 참 많았다.

필자는 늘 나의 마지노선을 확인하는 편이다. 잘되었을 때 펼쳐질 장밋빛 미래보다 우리 가족의 꿈을 담보한 투자금을 모두 잃거나 잘못되면 어떤 일이 벌어질지 고통스럽지만 피하지 않고 똑똑히 마주보려고 했다. 이렇게 스스로 책임질 자세가 되었다면, 그것이 무모한 투자라고 생각하지 않는다. 그리고 얼마까지 책임질 수 있는지는 자신의 상황과 직업, 재산 정도에 따라 모두 다를 것 같다. 개인적으로 적당한 주식투자 금액은 만약 얻어터졌을 때 스스로 감당할 수 있는 수준의 돈이 기준이 되어야 한다.

초보 시절에는 수익률에 집착한다. 종잣돈이 적어 최대한 크게 수익을 꿈꾼다. 다만, 시드머니가 점점 늘면, 어쩌다 한 번 1~2배 대박을 꿈꾸기보다는 상대적으로 적은 수익률 10~20%라도 큰돈으로 진입해서 한두 딜 안에 큰 수익을 내는, 성공 확률이 높은 매매를 선호한다.

돈에도 성격이 있다

돈이라도 다 같은 돈이 아니다. 인내심이 없는 돈은, 인내심 있는 돈을 이기지 못한다. 주식은 머리 대신 엉덩이로 하는 거라는 이야기도 같은 맥락이다. 주식은 기다림, 때로는 오랜 기다림이 뒤따라야 한다. 그 기다림의 시간이 때론 몇 분이고, 때론 몇 년이 되기도 한다. 외국인이나 기관, 또는 세력 형님들이 개미를 이기는 이유는, 그들의 돈이 개미의 돈보다 인내심이 많기 때문이다. 이처럼 돈에도 버틸 수 있는 돈, 버티지 못하는 돈의 성격이 있다. 여러분의 돈은 과연 어떤 성격인가?

만기가 있는 돈을 중기나 장기에 넣으면 필패한다. 현재는 주식이 마이너스지만 끝까지 버티면 반드시 반등할 거란 믿음이 있더라도, 가령 돈을 중간에 꼭 빼야 하는 어쩔 수 없는 상황이 오면(대출금 상환

등), 버티면 올라갈 주식을 팔아 손해를 확정할 수밖에 없다. 간혹 뉴스에서는 은행의 신용대출과 증권회사 신용융자가 역대 최대인 수조 원에 이르렀다는 이야기가 흘러나온다. 필자도 은행대출과 전세금을 월세로 돌려 투자해봤기에 이를 나무라진 못하겠지만, 나의 관리 밖에 있는 돈을 사용할 땐 진짜 신중해야 한다. 은행 신용대출 이율 3%에 1년짜리 만기라면 그나마 양반이다.

초보 투자자가 신용융자 이율 8%에 만기 3개월짜리 돈을 쓴다면 수익을 내기가 정말 어렵다. 신용융자 8%짜리를 쓴다는 건 쉽게 말해 마이너스 8%를 안고 시작하는 일이다. 그렇게 융통한 돈으로 주식을 사면 금세 부자가 될 것 같지만, 만약 그 주식이 마이너스가 된다면? 마이너스가 된 상태에서 이자까지 내야 하는 이중의 부담이 뒤따른다. 웬만한 강심장이 아니라면 멘탈이 나갈 수밖에 없다. 내 돈만 물린 상황이라면 기다리고 버티며 기회를 노릴 수도 있다. 그러나 신용이 물려 자칫 반대매매가 나면 깡통계좌가 되고 만다. 이런 계산이 선다면 증권사 신용융자를 쓰는 일에 신중을 기해야 한다. 특히, 초단기 자금인 3일짜리 미수거래는 아예 손도 대지 않는 게 좋다.

증권사 입장에서는 고객이 단기매매를 자주하고, 돈을 더 많이 빌려다 쓸수록 수익이 커진다. 그래서 그들은 우리가 단기투자를 자주 하도록 유도하고 돈을 빌려 매매하는 걸 부추기지만, 실제로 개인들이 이런 매매로 수익을 내기란 쉽지 않다. 여담이지만 주식 초보 시절, 내가 신청하지도 않았는데 내가 가진 돈보다 더 큰 수량을 사게 되어 확인했더니 애당초 MTS 매수 세팅 자체가 디폴트로 신용거래

스윙트레이더 성현우의 **주식투자 리부트**

물론 필자는 빨리 많은 돈을 벌어 서울에 집을 사겠다는 목적이 있었기 때문에 좀 무리한 방법을 썼다. 원금에 대출로 종잣돈을 보태고, 투자한 지 3년 이후로는 주식을 담보로 이율 7~8%짜리 신용융자까지 레버리지로 활용했다. 그런 투자가 적중했기 때문에 좋은 결과를 낼 수 있었지만, 이를 여러분에게 권하고 싶지는 않다. 필자의 경우 들어가기 전 종목 분석이나 공부도 그렇지만, 만약 일이 잘못 됐을 때 감당할 수 있는 수준을 머릿속에 그려 넣고 시작했다. 물론 절실함과 진실함이 보태어지는 건 당연했다. 그 방법을 간략히 정리하면 이렇다.

필자의 원샷, 원킬 스나이퍼 매매에서는 먼저 타점이라고 생각한 지점에서 1차로 현금을 넣고, 신용의 경우 기다렸다가 타점이라고 생각한 부분에서 더 밀릴 때 손절 대신 버티겠다는 판단이 서면 일으키는 편이었다. 아니면 반대로 원금을 먼저 투여했는데 바로 수익이 나면, 그 수익금만큼을 완충삼아 그 수익만큼의 신용융자 마이너스를 감당한다는 전략으로 신용융자로 추가 매수, 흔히 말하는 불타기(평단보다 가격이 올랐음에도 추가로 매수하는 행위)를 더했다.

를 부추기는 시스템이었다. 내 돈보다 더 큰돈으로 매수하도록 세팅된 것이다.

정리하자면, 신용융자 매매는 신중해야 함을 다시 한 번 강조하고 싶다. 특히 초보 투자자는 한 달 평균 수익률이 몇 프로 이상 꾸준해

질 때까지 신용융자 매매를 참는 게 좋다. 만약 자신의 실력이 8%짜리 이자를 내면서도 3개월 안에 수익이 날 수 있다고 판단한다면 굳이 말리지는 않는다. 그러나 한 달 동안 나가는 이자와 주식이 어느 정도 마이너스가 될 때 반대매매가 나가는지 정도는 꼼꼼히 따져봐야 한다.

쫄리면 뒤지시든가!
반대매매의 추억

앞에서 아모레퍼시픽으로 3억 원 수익을 낸 경험을 소개했다. 수익이 나긴 했어도 만족스럽지 않다고 말했는데, 그 이야기를 좀 해보려한다. 이 주식은 필자가 바닥이라고 판단한 부분에서 현금으로 투자했다. 그런데 시세가 무너지기 시작하는 게 아닌가! 그래서 여기가 바닥이겠거니 판단해 과감하게 신용융자를 태우고 말았다! 그러나 결과는 속절없이 주가가 밀리기 시작했다. 지금 생각해보면, 아모레퍼시픽에 들어가기 전 두 번의 매매에서 큰 수익을 거둔 상태였는데, 나도 모르게 보잘것없는 실력을 맹신했던 것 같다. 겸손함을 잊고 까불다가 판단이 흐려진 것이었다. 그러다 결국 한때 평가액 기준 마이너스 7억 원까지 밀렸고, 나는 증권사에 먼저 전화를 걸었다.

"안녕하세요. ○○ 증권사입니다. 무엇을 도와드릴까요?"

"아 네… 제 계좌에서 몇 프로나 더 빠져야 반대매매가 나가는지 알 수 있을까요?"

"고객님. 죄송하지만 고객님 계좌에 종목이 한두 개도 아닌데, 저희가 그걸 일일이 계산해 드릴 수 없습니다."

약간 황당하다는 목소리가 들려왔다.

"저기. 저… 한 종목이에요."

"네? 한 종목이라고 하셨나요?"

"네… 한 종목이에요. 현금 15억 한 종목. 신용융자 10억도 한 종목이요. 총 25억 원 한 종목…"

"아… 잠시만요, 여기서 7% 정도 더 빠지면 반대매매 나갈 것 같습니다."

"네… 감사합니다. 좋은 하루 되세요."

마이너스가 났지만 현실을 피하고 싶지 않았다. 실수를 했다면, 실력이 딱 거기까지라면, 그것에 합당한 페널티를 기꺼이 감수해야 한다고 생각한다. '설마, 반대매매가 나가겠어?' 현실을 외면하기보단 직접 전화해 정확히 몇 프로에 반대매매가 나가는지 현실을 알고 마주하는 게 낫다고 생각했다. 마이너스 7억 원이던 계좌를 두 달 후 3억 원으로 익절했으니 10억 원이 전환된 셈이다. 돈을 벌긴 했지만, 지금도 당시의 매매는 패한 게임이라고 생각한다. 철저히 내가 패배한 매매였다.

일본의 전설적인 마작 고수 사쿠라이 쇼이치는 악수(惡手)로 이기는 유혹을 거절하라고 했다. 잘못된 흐름에서 잘못된 수를 두었는데, 결과적으로 이겼다고 자만하지 말라는 이야기다. 아모레퍼시픽 매매로 3억 원의 수익을 냈지만, 내용을 들여다보면 잘못된 흐름에서 악수를 두었기에 고전했다. 정말 천운이 따라 돈을 벌었을 뿐이다. 이건 믿거나 말거나 그냥 지난 이야기인데, 아모레퍼시픽을 다루는 주포 세력과 온라인에서 댓글로 대화를 나눈 적이 있다. 누군지 모를 세력이 나에게 이런 말을 했다.

'너는 주식을 잘 하는 게 아니라, 개미치고 깡다구가 있을 뿐이라고!'

맞는 말이다. 아모레퍼시픽은 내가 매매를 잘 해서 수익을 낸 게 아니었다. 그저 깡으로 공포를 이겨냈을 뿐이다. 좋은 흐름에서 정석으로 좋은 수를 두어 이기는 것이 진정한 고수일 것이다. 극한 상황에서 악수를 두었다가, 상황이 바뀌어 수익이 났다면 고수라고 보기 어렵다. 영화 〈타짜〉에서 고니가 한 말이 떠오른다.

'쫄리면 뒤지시든가!'

하지만 저건 영화 속 대사 이상, 이하도 아니다. 애당초 쫄리는 상황을 만들지 말았어야 했다. 그래서 고수가 되기 어려운 것이고, 그런 면에서 나의 매매는 아직도 어리숙하고 부족하다.

추매 타점,
60분봉 5일선 기울기에 주목!

    필자가 어떤 주식을 사면, 일단 한 달 정도 기다리며 지켜보는 편이다. 그 한 달 사이에도 수많은 업&다운이 있다. 개미들은 주가가 3일만 빠져도 쉽게 흔들린다. 물론 필자도 주가가 내리면 당연히 기분이 언짢다. 주가를 지켜볼 땐 주로 일봉이나 주봉, 월봉을 되도록 크게 보려는 편이고, 일단 매수했으니 이후엔 일상생활을 하면서 돈이 조금씩 생길 때마다 되는 대로 몇 주씩 추매는 해도, 중간에 사고팔지는 않는다. 그저 지켜보면서 내가 선택한 주식의 흐름을 느끼려는 편이다. 아무리 좋은 주식도 매번 올라갈 수만은 없다. 엘리어트 파동이론에도 1파, 2파, 3파가 있듯 중간중간 조정을 거치게 마련이다. 엘리어트 파동이론의 맹점은, 지나고 나면 그 파동이 명확히 보이지만 내가 그 안에 있으면 내가 그 파동의 중간에 있는지, 끝에 있는지 알 길이 없다는 점이다. 세상에 100%인 기법은 없다. 정말 그런 기법이 있다면, 백전백승 세상 모든 돈을 다 쓸어 담았을 테니까.

필자는 투자를 하는 와중에 되는 대로 몇 주씩 추매하거나, 또는 비중을 조금 조정해 주식 수를 늘리고자 하는 경우 일봉 대신 분봉을 보며 대응한다. 이처럼 나는 전량 팔고 나올 때까진 추매는 할지언정 매도는 잘 안 한다(가끔 카드 값이나 공과금 때문에 어쩔 수 없이 몇 주씩 파는 일은 있다) 여기서 추매의 기준은 내가 기준으로 삼는 봉, 예컨대 60분봉일 경우 캔들의 등락을 보는 대신 60분봉 상에서 5분봉 캔들의 기울기가 앞으로 어떻게 될지를 유심히 살핀다. 5일선이든 5분봉이든, 캔들의 평균들이 모여서 선으로 표시된다. 그 기울기가 꺾인다는 건 앞으로 방향이 바뀐다는 의미다. 그래서 오르는 주식의 5일선 기울기가 평평해지거나, 60분봉상 5분봉 캔들의 기울기가 오르다가 평평 또는 내리다가 평평해지면서 마치 폭풍전야처럼 고요해지는 듯한 느낌이 오면 긴장하기 시작한다. 그 고요함이 앞으로 전개될 움직임의 전조이기 때문이다.[8]

거래량과 연관을 지어보면, 한참 오르다가 또는 내리다가 거래량이 바닥을 치고 고요해지는 타점이 있다. 바로 그곳이 지나고 보며 변곡점인 경우가 많다. 내리는 주식에서는 음봉이 터지면서 거래량이 터신 그 시점을 타점으로 잡기보다는 그 이후에 거래량이 줄었다가 다

---

8   60분봉 5일선 기울기와 관련, 138쪽에 소개한 '실전 스나이퍼 매매 2. 크래프톤: 개미의 반대편에 서라'를 참고하라.

시 늘어나는 시점이 매수 타점인 경우가 많다. 오르는 주식이 조정을 줄 때도 거친 움직임을 보이다가 분봉들이 모이면서 큰 움직임이나 큰 거래량도 없이 이평선들이 모이며 응축될 때가 폭풍의 전야, 즉 추매 타점인 경우가 많다. 그리고 하나 더 명심할 내용이 있다. 주식마다, 주포마다, 같은 주식이라도 상황마다 적용되는 또는 기준이 되는 분봉이 다를 수 있다는 사실이다. 때론 120분봉으로 대응해야 하고, 때론 15분봉, 심지어 3분봉으로 대응하기도 한다. 주식에 만병통치약처럼 일괄적으로 적용되는 법칙은 없다. 다만, 그런 경향이 있다는 것을 염두에 두고 매매한다면 도움이 된다.

실전 스나이퍼 매매사례 1

SK바이오사이언스: 매수는 나비처럼 매도는 벌처럼

134쪽의 표는 필자가 SK바이오사이언스를 매매한 내역이다. 지난 2021년 7월 7일, 16만 원 중반 부근에서 현금과 신용·융자로 8,335주, 14,991주, 2,036주를 매수했다.

이후 주가가 15만 5,000원까지 빠졌을 때 1,093주, 2,095주, 120주, 26주 계속 매수한 모습이다. 고백하자면, 나는 계획적인 분할매수에 서툰 편이다. 그냥 매수 구간이라고 보이면 오르거나 말거나 계속 산다. 남들이 말하듯 '현금을 3으로 나누어 분할해서 3번 계획적으로 매수하기' 이런 거 잘 모른다. 표에서 보듯 대량 매수는 7월 7~8일 이틀에 걸쳐 대부분 이루어졌고, 이후 7월 12일까지는 추매에 나섰다. 필자가 매매 내역을 들여다보다가 정말 어이가 없어 웃은 부분은 7월

<표> 저자의 SK바이오사이언스 매매 내역(2021년 7~8월)

거래일	내용	단가	수량
2021년 8월 19일	주식매도 / SK바이오사이언스	289,500	1
2021년 8월 12일	주식매도 / SK바이오사이언스	276,000	300
2021년 8월 12일	주식매도 / SK바이오사이언스	290,126	8,617
2021년 8월 12일	주식매도 / SK바이오사이언스	290,147	12,550
2021년 8월 11일	주식매도 / SK바이오사이언스	232,000	1
2021년 8월 10일	주식매수 / SK바이오사이언스	226,500	1,766
2021년 8월 10일	주식매수 / SK바이오사이언스	220,000	1
2021년 8월 09일	주식매수 / SK바이오사이언스	215,500	1
2021년 8월 05일	주식매수 / SK바이오사이언스	192,500	1
2021년 8월 05일	주식매수 / SK바이오사이언스	192,500	2
2021년 8월 04일	주식매도 / SK바이오사이언스	182,625	16
2021년 8월 04일	주식매수 / SK바이오사이언스	176,939	98
2021년 8월 03일	주식매도 / SK바이오사이언스	168,000	3
2021년 8월 03일	주식매수 / SK바이오사이언스	170,500	9
2021년 7월 30일	주식매도 / SK바이오사이언스	161,500	1
2021년 7월 29일	주식매수 / SK바이오사이언스	163,000	1
2021년 7월 28일	주식매수 / SK바이오사이언스	157,500	6
2021년 7월 28일	주식매수 / SK바이오사이언스	158,500	32
2021년 7월 27일	주식매도 / SK바이오사이언스	157,500	2
2021년 7월 23일	주식매도 / SK바이오사이언스	156,600	5
2021년 7월 21일	주식매수 / SK바이오사이언스	156,600	1
2021년 7월 15일	주식매수 / SK바이오사이언스	155,500	2
2021년 7월 14일	주식매수 / SK바이오사이언스	157,731	26
2021년 7월 12일	주식매수 / SK바이오사이언스	158,500	120
2021년 7월 12일	주식매수 / SK바이오사이언스	158,572	2,095
2021년 7월 09일	주식매도 / SK바이오사이언스	165,021	1,093
2021년 7월 08일	주식매수 / SK바이오사이언스	167,396	260
2021년 7월 08일	주식매수 / SK바이오사이언스	166,991	2,036
2021년 7월 07일	주식매수 / SK바이오사이언스	167,353	14,991
2021년 7월 07일	주식매수 / SK바이오사이언스	166,931	8,335

21일 15만 6,000원 1주, 8월 5일 19만 2,500원 1주, 8월 11일 23만 2,000원 1주 부분이다. 아마 통장 잔고가 15만 원이 안 되어 추매를 못하다가, 통장에 15만 원 들어왔거나 지갑의 현찰을 계좌로 이체한 후 1주씩 더 매수한 것 같다. '아니 이미 몇 만 주를 들고 있으면서 그깟 1주가 대체 뭐라고…' 하시는 분들도 있겠지만 푼돈이 생길 때마다 그마저 모두 털어 1주라도 더 사겠다는 진심, 모든 걸 바치겠다는 마음가짐이 중요하다. 그런 절실함이 지금의 나를 만들어준 거라고 생각한다.

표에서 보듯 매수는 15만~16만 원 구간에서 약 5일 동안 이루어졌다. 그리고 매도는 먹을 만큼 먹었다고 판단한 8월 12일 미련 없이 주식을 모두 던졌다. 나는 매수 시 한 번 매수하면 먹이를 문 개처럼 끝까지 물고 늘어지지만, 던질 때는 단칼에 뒤도 안 돌아보고 나오는 편이다. 인간의 욕심은 끝이 없다. 스스로 만족하다면 그리고 후회하지 않겠다는 결심이 서면 기술적 지표고 뭐고 없다. 21,467주를 하루에 다 던졌다. 표에서 보이는 8월 19일 1주 매도는, 그동안 정들었는데 헤어지기 아쉬워 남겨둔 딱 1주였다. 그나마 괜히 미련이 남을까 싶어 일주일 후 팔아치웠다. 내가 매도한 후 해당 기업의 주가는 3일간의 조정을 거쳐 8월 17일 장중 한때 최고 36만 2,000원까지 쏘아 올리며 윗꼬리를 남겼다. 그러나 당시 나의 매도 판단을 존중하며 지금도 후회하지 않는다. 개미가 끝까지 먹으려면 꼭 탈이 난다. 기술적 매도 사인을 떠나, 필자는 스스로 만족할 만한 수익이 나면 그걸로 족

<그림 11> SK바이오사이언스 일봉_2(2021년 4월~9월)

하다. 그리고 이미 다음 투자 종목을 결정한 상태이기도 했다.

　주식계좌에 큰 숫자가 찍혔더라도 통장으로 인출해 실현해야 진정한 나의 돈이다. 과거 모 회사에 투자했을 때, 계좌에 주식평가액이 22억 원을 찍기도 했지만, 며칠 후 썰물처럼 주가가 빠지며 17억 원으로 쪼그라든 경험도 있다. 그 당시 매도하지 않은 걸 땅을 치고 후회했다.

　주식평가액은 말 그대로 평가액일 뿐 내 돈이 아니다. 하지만 마치 큰돈을 번 것 같은 착각을 준다. 우리는 신이 아니다. 아무리 고수라도 가장 높은 고점에 팔 순 없다. 그래서 매도가 어렵다고들 말하지 않던가. 너무 일찍 팔아도 후회, 너무 늦게 팔아도 후회! 매도는 결혼과 같은 건가?

해도 후회, 안 해도 후회… 더 자세한 매도 관련 이야기는 장을 따로 마련해 여러분과 공유한다.

실전 스나이퍼 매매사례 2

크래프톤:
개미의 반대편에 서라

대부분의 개미들이 주식시장에서 수익을 내는 대신 손해만 보고 떠난다. 결국 주식시장에서 오래 살아남아 본전이라도 하는 개미는 상위 10% 남짓, 게다가 큰돈을 버는 개미는 정말 극소수다. 잔인한 이야기지만 그것이 현실이다. 나 역시 개미투자자지만, 특히 매수를 할 때는 개미의 반대편, 즉 큰손이나 세력 입장에서 주식을 보려고 노력한다. 만약 내가 세력이거나 큰손이라면, 어떻게 해야 개미들 마음고생 시키고, 어떻게 주가를 운전해야 개미들이 고통스러워할지를 상상하는 것이다. 그리고 실제로 큰손과 세력들이 지금 주가를 그렇게 운전하고 있는지를 확인한다.

결국 주식은 누군가 비싸게 사서 싸게 팔아 손해를 보고, 다른 누군가는 싸게 사서 비싸게 팔아 수익을 내는 게임이다. 이 게임에서 우위를 점하는 사람은 자본과 정보력이 앞서는 큰손들이지, 개미가 절대 아니다. 개미들이 버티고 버티다 지치고 힘들어 손절하며 떠나는 순간이 저점일 확률이 높고, 나는 그때까지 기다렸다가 매수한다. 특히, 주가가 속절없이 무너지고 공포가 가득함에도 누군가 물량을 사는 형국이라면, 물량을 받아내는 보이지 않는 힘이 느껴지면, 필자는 개미가 아닌 그들의 편에 서려고 한다. 필자는 조정하는 주식을 매수하려고 지켜볼 때엔 차트 상으로는 공포의 감정이 지나갔는지를 살핀다. 다들 바닥이라고 생각해 추매했다가 그마저 손절하고 반대매매가 휩쓸고 지나가는 구간, 그리고 그 물량을 누군가 받아서 스멀스멀 천천히 올라오는 구간 말이다.

원고를 쓰는 동안에도 필자는 투자를 계속 이어하고 있다. 물론, 언제나 그랬듯 한 종목이다. 그 대상은 크래프톤! 이 주식은 상장 직후 따상은커녕 공모가에도 못 미친 당일 고가 48만 원으로 시작했다. 그리고 3일간 속절없이 40만 2,000원까지 밀렸고 나는 이를 숨죽이며 지켜봤다. 그리고 저점인 40만 2,000원이 반등으로 판단, 2021년 8월 13일 42~43만 원 구간에서 현금주식과 신용융자주식을 포함해 총 12,692주를 매수했다. 언론은 연일 크래프톤 고평가 논란, 따상 실패, 중국 게임 제재 등의 악재들을 한꺼번에 쏟아냄으로써 공포가 극에 달해 있었다. 개미와 언론 모두 이구동성으로 위험하다고 말할 때, 나는 혼자 고요히 정말 그런지를 따져보았다. 과연 그럴까? 〈배틀그라운드〉 게임을 해보진 않았지만 유튜브를 통해 게임 플레이 영상을 많이 봤고, 2021년 10월 또는 11월 경 신작 〈뉴스테이트〉가 출시된다는 정보도 알고 있었다. 그런데 중국에서 미성년자 게임 제재를 가하는 게 정말 큰 악재인가? 악재는 맞다. 그러나 텐센츠가 서비스하는 중국 판 〈배틀그라운드 화평정영〉에서 미성년자 비중 매출 비율은 5%도 안 되는데, 저렇게 평가절하되어 주가가 폭락하는 게 비합리적인 것 같았다. 언론에서 악재를 쏟아내고 남들이 뭐라고 하든 말든 필자는 늘 주관대로 투자한다.

필자는 크래프톤의 실험 정신과 〈배틀그라운드〉를 이끄는 펍지의 스토리텔링 능력, 뉴스테이트 세계관을 담은 시네마틱 애니메이션 트레일러 일러스트레이션, 그리고 추후 음악 및 영화 콘텐츠로의 확장성에 주목했다. 게임 회사 가운데 최고의 인재들이 크래프톤으로 몰렸고, 우리나라 게임사들 중 전 세계에서 가장 많은 유저들을 확보하고 있었다. 이는 추후 크래프톤이 메타버스나 NFT 등 신사업을 추진하거나, 기존의 IP를 확장하는 경우에도 엄청난 무형의 자산이 될 것이라고 믿었다. 사실, 매매는 복잡하게 생각할수록 끝이 없다. 복잡하게 생각 말고, 단순히 매출과 영업이익만 봐도 다음 분기는 전분기보다 나을 것이고, 내년이 올해보다 나을 거라고 판단했다. 언론에서는 연일 악재를 쏟아냈고, 공모주 청약을 한 개미와 시가에 들어온 개미들은 손절하기 바빴다. 그러나 내 눈엔 크래프톤과 펍지는 아무도 가지 않은 길을 묵묵히 걸어가는 가능성 높은 기업이었다.

기술적으로는 전일보다 거래량이 급감해 바닥을 다진 8월 12일 40만 2,000원을 바닥으로 판단했다. 그리고 8월 13일, 42만 원까지 60분봉 차트상 5일선 기울기가 양으로 돌아선 42만 원부터(추매 타점, 60

분봉 5일선의 기울기에 주목!_참조) 적극 매수에 가담했다. 호가창으로 지켜보다가 42만 원 라운드 피겨(Round figure) 부분의 매도물량 벽을 강한 매수 강도로 소화하면서 올라가는 걸 확인하며 베팅했다. 지금도 필자는 내집 마련에 든 목돈과 리스크 분산을 위해 50만 원대부터 어쩔 수 없이 처분한 물량을 제외한 적잖은 크래프톤 물량을 들고 있다. 주식세계에서는 1억 원의 공포를 이기면 1억 원의 수익이 오고, 10억 원의 공포를 이겨내면 10억 원의 수익이 따라온다는 말이 있다. 남들이 공포에 떨 때 용기를 내려면, 군중과 함께 휩쓸리면 안 된다. 또 그들의 프레임에 갇혀도 안 된다. 위험이 진짜 위험인지 과장된 건지 군중과 멀리 떨어져 냉정하게 따져봐야 한다. 크래프톤처럼 이번 분기보다 다음 분기가 더 촉망되는 기업이라면, 베팅할 가치가 있다고 생각한다. 필자는 크래프톤의 공모가 고평가 논란으로 주가가 빠지기만 기다렸다가 개미들이 공포로 던질 때 사겠다는 전략을 세웠다. 물론 상장 전부터 크래프톤 관련 여러 가지 자료를 검색(물론 장병규 의장의 책도 사다가 읽었다!)하고 공부도 했다. 나는 기본적으로 스토리가 있는 종목, 스타가 될 성싶은 떡잎이 보이는 종목에 끌린다. 크래프톤이 큰손, 기관, 외국인도 충분히 매력을 느낄 만한 종목인가? 나의 대답은 '그렇다'였다.

필자는 조용히 숨죽인 채 크래프톤 주가가 떨어지기만을 기다렸다. 그리고 타점이라고 판단한 42만 원 구간에서 12,692주 방아쇠를 당겼다. '보호예수가 풀려 코스피 200에 들면 공매도가 시작되어 위

<그림 12> 크래프톤 일봉(2021년 8월~10월)

험하다'라는 논란도 있었다. 하지만 아직 일어나기 전의 일이니, 그런 일이 실제로 일어나 실체가 확인되면 대응하기로 했다. 이때도 미리 겁먹을 필요는 없다고 생각했다. 오히려 누군가에게 공포는 누군가에게 기회가 될 것이었다. 주식시장에서 돈이 되는 건 두 개다. 실체가 있는 기대감과 실체가 없는 공포! 이를 포착하면 그게 주식시장에서 돈이다. 그래서 주식투자자는 어떤 기대감이나 공포 뒤에 정말 실체가 있는지의 여부를 확인한다. 필자는 아직 오지 않은 미래의 공포로 오늘의 주식을 팔고 싶은 생각이 없거니와, 그런 미래의 공포로

매력적인 투자 기회를 놓치고 싶지도 않았다. 물론 주식에 들어갈 때만에 하나 내 판단이 틀리면 원금 기준 3억 정도 얻어맞겠다고 마지 노선을 정했다. 그리고 8월 13일, 필자가 이겨낸 3억 손실 가능성의 공포는 며칠 후 주식평가액 기준 10억 원의 수익으로 돌아왔다. 10억 원 모두 익절하지는 못했지만 대부분의 물량을 단기 고점 45~51만 원 구간에서 정리했다. 그리고 2021년 9월 14일 기준, 현물과 신용 6,000주 정도 투자 중이다. 원래 투자 스타일대로라면 평단에 여유가 있으니 더 버텼을 것 같다. 그러나 공교롭게도 매매를 하면서 동시에 원고를 쓰고 있던 터라, 마음속으로 더 큰 수익을 거두어 책에 담고 싶은 욕심이 일었다. 그러나 이처럼 욕심이 들어간 매매, 남에게 보여 주기 식의 매매는 필패할 수밖에 없다.

　나는 크래프톤이 실패를 딛고 성공을 일군 기업이란 점을 높이 산다. 앞으로 이 회사가 어떤 길을 걸어갈지 정확히 알 수는 없다. 잘 되고 안 되고는 내 뜻이 아닌 그분들 뜻이다. 다만 나는 청진기를 대고 고요히 박동소리를 듣다가 아니라는 판단이 들면, 당장 내일이라도 던질 것이다. 그때까지는 조용히 지켜볼 뿐이다. 한 번 방아쇠를 당겨 샀으면, 상태를 관찰하며 묵묵히 지켜보는 것도 투자자의 몫일 것이다.

코오롱인더스트리: 비극과 희극(feat. 삼성전자)

인생이 늘 꽃길일 수는 없다. 살다 보면 누구나 가끔씩은 버거운 삶의 무게 앞에서 괴로움을 느낀다. 필자의 경우 지금 이 순간이 조금 버겁게 느껴질 때, 세상을 바라보는 관점을 조금 달리하려고 노력한다. 인생도 주식도 분봉으로 보면 비극이고 월봉, 연봉으로 보면 희극이다. 짧은 시선을 잠시 내려놓고 긴 안목으로 바라보면 '그때의 그 일이 그렇게 힘들어할 일은 아니었구나!' 하며 관조하는 여유가 생긴다. 주식도 그렇다. 필자는 주식투자를 하다가 차트를 분봉으로 보고 있다면 일부러 주봉으로, 또 일봉으로 보고 있다면 다시 월봉으로 변환해서 바라본다. 그러면 없던 여유가 조금 생겨난다.

필자의 실제 매매사례로 코오롱인더스트리 이야기를 좀 해보려고 한다. 투자를 시작한 시기와 금액은 2021년 5월 6만~6만 6,000원 구간이었다. 타점이 왔다고 판단해 현금과 신용까지 더해서 매수했다. 그러나 주가가 오르지 못하고 밀리기 시작한다. 120분봉상 장기이평선이 224일 이평선까지 깨고 5만 8,000원까지 밀리는데, 장기이평선이 깨지니 일반투자자들은 공포에 떨 수밖에 없는 상황이었다. 일봉상에서도 중기이평선인 60일 이평선을 5일선이 깨는 듯한 흐름이 나타났다. 차트나 이평선만 보고 매매하는 분들이라면 손절하는 상황이었다. 나 또한 물려 있었지만 주봉, 월봉으로 큰 그림을 보며 스스로를 위로했다.

필자는 주변 투자자들에게 현재 투자 중인 주식이 힘든 시간을 겪고 있다면 일봉 대신 주봉, 월봉을 살펴보라고 권하는 편이다. 분봉이나 일봉상으론 힘들어 보여도 월봉으로는 그리 큰 등락이 아닌 경우가 많다. 물론, 월봉도 가망이 없다면 다시 생각해야겠지만 말이다. 우리가 인생을 살면서도 지금 당장 너무 힘들고 지쳐 있을지라도 시간이 흘러 몇 달, 몇 년 후 다시 과거의 상황을 돌이켜보았을 때 울고불고, 화낼 만한 일이 아니었음을 깨닫지 않던가. 필자는 코오롱인더스트리의 분봉, 일봉의 공포를 이겨냈고 한 달이라는 짧은 시간 동안 수익을 낼 수 있었다. 눈앞에 보이는 부진함에 겁먹지 말고, 조금 여유를 갖고 길게 보려는 노력이 주식투자에서도 중요하다.

필자가 마지막 원고를 정리하는 중인 2021년 10월 5일 기준 삼성전자 상황도 마찬가지다. 대한민국 시총 1위 삼성전자의 2021년 1월 11일 주가는 10만 원에 근접한 9만 6,800원이었다. 그랬던 주가가

<그림 13> 코오롱인더스트리 일봉(2021년 2월~10월)

2021년 10월 5일 현재 기준 7만 2,000원까지 밀렸으니, 일봉으로 보면 영락없는 하락이요, 비극이다. 그러나 눈을 돌려 일봉이 아닌 월봉과 연봉으로 보면, 장기간 삼성전자에 투자한 뚝심 있는 투자자의 눈에는 지금 상황이 그냥 지나가는 태풍일 뿐이다. 여러분도 알다시피 삼성전자의 주가는 느리게 한 걸음씩 묵묵히 지난 수십 년간 성장해 왔다. 지금 삼성전자를 보며 조급함이 드는 건, 곧 10만 전자가 될 거란 말만 믿고 삼성전자에 투자를 시작한 개미들의 마음일 뿐이다. 나

<그림 14> 삼성전자 주가 추이(1992~2020년)

는 삼성전자에 투자하지는 않지만, 삼성전자에 투자하고 계신 분들에게 해드리고 싶은 말이 있다.

삼성전자처럼 무거운 주식에 투자한다면, 조금 더 큰 시선과 호흡으로 이 주식을 마주해야 한다. 만약 현재 삼성전지에 투자 중인 분들이라면 '지금 던질 것인가, 아니면 버틸 것인가?'를 스스로에게 묻고, 반약 던지지 않겠다고 판단했다면, 오히려 부지런히 총알을 모아 추매하는 게 어떨까 싶다. 지극히 개인적인 생각이지만, 일봉상 이평선들이 하락하는 시기에는 추매 타이밍이 아니라고 보여진다. 스나이퍼가 목표물을 조준해 저격하듯 일봉이 아닌 주봉, 월봉 상에서 반전이라고 생각하는 구간이 올 때까지 총알을 모아 기다렸다가 타점이 왔을 때 후회 없이, 아낌없이 투자해보면 어떨까 싶다. 반대로 이 주식을 던지기로 판단했다면, 더 이상 후회나 미련 갖지 말고 깨끗이 던져라. 만약 던질 게 아니라면, 졌다고 스스로 인정하고 끝까지 최선을 다해보길 권한다.

　나는 매수도 스나이퍼처럼 결정적인 순간에 해야 한다고 생각한다. 그러나 추가매수나 물타기를 아무 때나 하는 게 아니다. 필자의 경우 한두 번 물을 탔는데도 주가가 밀리면 더 이상 물타기를 시도하지 않는다. 그 대신 총알을 모으기 시작한다. 결정적인 순간 대량으로 물을 타거나, 그게 아니면 깨끗이 패배를 인정한 후 정리한다. 승부의 세계에서 모호한 중간은 없는 법이다.

당부의 말씀

필자는 이 책을 얼마나 많은 분들이 읽어주실지 잘 모르겠다. 가늠하기 힘든 부분이다. 5년간의 주식투자 경험과 기록, 투자 결과를 독자들과 공유하고 있지만, 다른 분들이 나와 같은 투자를 할 수 있을 거라고도 생각지 않는다. 100인 100색 각자가 처한 상황도 다르고, 성격도 다르며, 주식을 대하는 마음자세도 다르다.

누구나 필자처럼 전세금을 빼서 월세로 돌리고, 그 돈까지 레버리지로 삼는 미친 짓을 할 수 있다고는 생각하지 않는다. 본문에서 언급했지만, 필자의 종잣돈이 15억 원쯤 되었을 때 아모레퍼시픽 투자로 곤혹을 치르며 주식평가액이 8억 원까지 떨어진 일이 있었다. 당시 필자는 아내에게 이런 말을 했다.

'내가 그동안 주식으로 15억 원을 벌었는데, 자칫 거의 절반인 7억 원 정도가 날아갈 수 있다. 만회하려고 노력은 하겠지만, 잘 안 되어 잔고가 8억 원 아래로 내려갈 것 같으면, 그 전에 계좌에서 돈을 모두 빼겠다. 서울에 집은 못 사더라도, 서울 어딘가에 전셋집 얻을 돈 8억 원은 있어야 하니까…'

주식투자를 하는 가장이라면, 가족에게 현재의 투자 상태에 대하여 가감 없이 정보를 공유해야 좋다. 현재 상태가 어떻고, 앞으로 어떤 계획을 갖고 있는지 가족과 공유할 것을 권한다. 나는 주식으로 신나게 얻어터지던 때에도 아내에게 나의 손실과 치부를 숨기지 않았다. 비록 실패의 순간일지라도 가족에게 알리지 않는다는 건, 나 자신을 속이고 싶은 심리의 연장선상일 것이다.

투자자라면 성공뿐 아니라 실패도 용감히 마주해야 한다. 그래야 좀 성공했을 때 우쭐하지 않고, 실패했더라도 용기를 잃지 않을 것 같다. 사실, 아모레퍼시픽에 투자하면서 기억하는 가장 큰 손실액 규모는 마이너스 21%였다. 당시 신용융자 물량이 많아 손실액이 더욱 컸다. 다행인지 운이 따랐는지, 마이너스 7억 원을 두 달 만에 만회하고 3억 원 익절로 마무리했다. 그러나 아직도 그때의 투자를 실패라고 생각한다. 필자가 아내 앞에서 현실을 고백해야 했던 그 순간을 매매하면서 늘 잊지 않는다. 나는 주식계좌의 돈이, 내 돈이라고 생각해본 적이 한 번도 없다. 이 돈은 우리 가족의 돈이다. 사랑하는 나의 딸들의 돈이고 내가 사랑하는 아내의 돈이다. 내 돈이 아니니까 돈을 함부로 다룰 수 없다. 허투루 생각하지 않고 소중히 다룰 수밖에 없다.

필자도 3억 원의 빚이 있을 때, 돈을 벌어 그 빚을 차근차근 갚는 대신 '주식투자로 돈 벌어 빚을 갚겠다'는 생각이 맞나 싶었다. 투자를 시작한 지 3년이 지난 후로는 가용 가능한 모든 현금에 내가 쓸 수 있는 신용매매도 최대한 활용했다. 여기서 나는 사람마다 감당할 수 있는 리스크가 모두 다르다는 점을 강조하고 싶다. 모든 분들이 내가 시도한 방법을 따라할 수는 없다. 자신의 투자 성향과 처해 있는 환경, 그리고 주식 트레이딩 능력을 냉정히 평가한 후 그에 걸맞은 투자를 해야 한다. 특히 레버리지를 이용할 때에는 자신의 실력을 면밀히 살핀 후 몇 프로까지 쓸지를 결정하는 것이 현명한 투자자다.

빠른 시간 안에 돈을 벌면, 상대적으로 빠른 시간 안에 돈을 잃을 수도 있다. 만약 우리가 매매를 하면서 잘 벌 때만 생각하고 임하면 리스크에 노출되기 쉽다. 큰 거 한 방만 노리다 한 번에 훅, 가버릴 수도 있다. 단타나 스켈핑 매매를 전문으로 하는 고수들은 예컨대 1,000만 원 수익이 나면 그 돈을 계좌에서 모두 인출한다. 그런 방법으로 리스크를 관리한다. 하지만 필자처럼 조금 긴 시간, 호흡으로 투자하는 분들이나 장기투자를 하는 분들은 수익이 나더라도 그 돈 대부분이 계좌에 남아 있는 경우가 많다. 필자 주변에 대박을 꿈꾸다가 주식으로 망한 분이 여럿 있다. 단타매매를 하시는 분들은 종잣돈을 인출하지만, 중장기 투자자는 계좌를 그렇게 관리하시 않는다. 따라서 중장기투지자라면 자신이 무슨 일을 하고 있는지 늘 지켜보면서 감시해야 한다. 더군다나 필자처럼 신용까지 적극적으로 활용해 매매를 하면, 신용 대비 계좌평가액 140%가 안 될 경우 깡통으로 있는 재산 모두가 공중 분해될 수도 있다. 한 번 질러볼까! 하는 마음이 들 때, 가족을 떠올려보는 것도 좋다. 그래도 투자 판단이 선다면 과감히 질러볼 일이다. 그러나 조금이라도 망설임이 있다면 그런 투자는 안 하는 것이 이롭다.

주식시장에서는 우리의 상식에서 벗어난 일들이 하루에도 수없이 벌어진다. 미래를 위한 과감한 투자, 부자가 되겠다는 투자, 다 좋다. 그러나 일이 자기 생각대로 풀리지 않고 꼬일 때, 자신뿐 아니라 가족에게 어떤 일이 일어날지 고민해볼 필요가 있다. 또 자신이 어떤 투자 결정을 했다면, 만약 그 투자가 잘못되었을 때 결과를 감당할 자세가 되어 있는지도 스스로에게 묻고 투자하면 좋을 것 같다.

"

주식투자로 대박을 터뜨리려면,
시장에서 자신이 택한 투자전력,
이익과 손실, 사고 팔았던 가격과
현재 가격의 차이 등을
머리에서 완전히 비울 필요가 있다.
오직 시장의 현재 위치만 생각해야 한다.

"

– 조지 C. 셀든

4장 _____

Mr. John bur〔존버〕의
기술

주식투자 경영학

한 번에 큰돈을 넣는 투자! 이런 투자를 계획하고 있다면, 내가 선택한 기업을 뼛속까지 알아야 한다. 필자는 투자할 기업의 지분 구조, 검색해서 볼 수 있는 CEO의 관상과 사주, 심지어 배우자가 누구이고 어떤 차를 타는지 등 필자가 알아볼 수 있는 한도 내에서 거의 모든 걸 살펴본다. 비록 개미이지만 스스로 애널리스트, 펀드 운용담당자라는 생각으로 투자해왔다. 그리고 일단 투자한 후엔 그 기업의 IR 담당이라는 마음으로 해당 기업의 제품도 써보고, 지인들에게 열심히 홍보도 한다.

필자가 큰 수익을 거둔 스나이퍼 매매의 핵심은 첫째 종목, 둘째 기간, 셋째 수익이다. 단타매매는 짧은 기간, 주식 매수매도를 통해 회전율을 높이고, 그 안에서 적은 금액으로 수익을 높여 돈을 번다. 그러나 스나이퍼 매매, 중기 스윙에서는 수익률이 가장 중요한 요소가 아니다. 투자 기간 동안 얼마나 큰 금액으로 얼마의 큰 수익을 얻느냐와 만약 손실이 나면 손실을 얼마나 최소화하는지가 핵심이다.

진짜 하락과 가짜하락
분봉 판별법

'나는 정말 주식 실력이 있는 걸까?' 가끔씩 이런 생각을 해본다. 몇 년 전, 어떤 주식의 세력이 필자에게 '깡이 좋다!'고 말했던 것처럼, 나는 그저 개미치곤 맷집과 배짱이 좀 더 있었던 것 같다. 시쳇말로 존버! 버티기를 잘하는 편이다. 그렇다고 무턱대고 버티는 건 아니다. 나름 필자가 투자한 기업의 전망이 좋아질 거라는 믿음, 그리고 지금 시세의 변화는 분명 누군가 의도한 거라고 판단이 설 때 버틴다. 가망이 없는 주식에서 버티며 '나는 이렇게 버틴다!'고 안위하다가 1층 아래 지하실, 지하실 아래 지하주차장에 갇혀 주식인생이 끝날 수도 있다. 원래 주식세계에서 패자는 말이 없다. 조용히 사라질 뿐이다.

일단 주식을 샀다면 그 다음엔 잘 붙잡고 있다가 수익을 내야 하는데, 이게 말처럼 쉽지가 않다. 제 아무리 우량한 주식이라도 편안한 모습으로 평탄하게 오르지는 않는다. 수많은 파도를 만들며 올라간다. 여러분도 아시다시피, 일반적으로 주가는 10% 정도 수익이 난 이후에는 몇 프로의 조정이 찾아오곤 한다. 심한 경우 10% 올리고, 이내 곧 10%까지 내렸다가 다시 오르는 주식들도 많다. 만약 어떤 주식이 20%나 올랐음에도 조정이 안 오면, 아주 큰 재료 덕분일 수도 있겠으나, 한편으로는 '혹시 위에서 누군가 한꺼번에 조정을 주는 건 아닐까?' 하며 늘 긴장한다. 내가 매수한 주식이 올라 수익이 난 경우엔 글라이더가 바람을 타고 흐름에 몸을 맡긴 채 날아간다는 생각을 한다. 다만, 중간에 비행기가 난기류를 만나 출렁이는 순간이 찾아오기도 하는데, 내가 그 안에 있으면 이 출렁임으로 추락해서 땅으로 떨어질 수도 있겠다는 공포에 휩싸이기 쉽다.

상승하는 주식을 타고 있을 때 조정이 오면, 15분봉에서 분봉들이 정배열에서 역배열로 바뀌며 분봉들의 데드크로스가 순서대로 찾아온다. 그런 다음 다시 조정을 거치고, 분봉들이 차례로 골든크로스 모습을 보이며 오른다. 말은 쉬운데, 이 순간까지 버티고 견디기가 진짜 어렵다. 필자가 주목하는 건 데드크로스 상황이 아니다. 그 이후 시세가 어떤 모습을 그리며 내려가는지를 주목한다. 내려가는 건 중요하지 않다. 데드크로스가 발생해 주가가 내려가는 건 초등학생도 아는 이야기다. 다만, 내려가는 주가 이면에 숨겨진 진짜 모습을 파악하자는 이야기다. 개미들을 꼬득이며 반등할 듯 헛된 희망을 주면서 물량을 털고 내리는지, 또는 정말 작정하고 겁을 주고자, 비유컨대 망가진 엘리베이터처럼 수직강하시킴으로써 혼비백산한 개미들을 털어내고자 하는지 진위를 파악해야 한다.

주식은 내 입장만 있는 게 아니다. 나와 다른 생각을 가진 큰손, 기관, 외국인, 나아가 다른 개미의 입장과 생각에 나를 주입하고, 그들이 현재 이 주식에서 어떤 감정과 생각을 갖고 매매하는지 살펴야 한다. 대입하고 감정을 이입해서 살펴야 주식매매가 한 단계 업그레이드된다. 초보 시절에는 내 것 사고팔기에 바쁘겠지만, 실력을 더 키우려면 항상 다음 수, 상대방의 수를 생각해야 한다. 실력이 좀 되는 골퍼는 다음 공의 위치를 염두에 두고 코스를 공략한다. 프로바둑 기사는 몇 수 앞을 내다보며 의미심장한 돌 하나를 놓는다. 주식도 똑같다. 수를 읽어야 한다. 나와 다른 생각을 가진 이들이 어떻게 움직이고 대응할지 끊임없이 시뮬레이션 해야 한다. 그리고 어떤 상황에 어떻게 대처할지 계획을 갖고 있어야 한다. 그래야 지속 가능한 수익을 낼 수 있다.

가격 대신 의도를 읽어라
Why?

많은 분들이 경험해보셨겠지만, 주식에서 가격만 쫓다보면 흐름을 놓치기 일쑤다. 따라서 주식투자자는 가격 대신 흐름에 더 민감하고 예민해야 한다. 태풍은 예고 없이 갑자기 찾아오지 않는다. 태풍이 오기 전의 바다는 평소와 다른 미묘한 모습을 보여주는데, 이런 바다의 변화를 알아채려면 평소 바다의 모습, 파도와 바람의 세기를 알아야 한다. 현명한 우리 조상들은 인공위성 기상 관측이 없던 시절에도 자연을 통해 태풍이나 호우 같은 기상을 미리 예측했다고 전한다. 가령, 까치가 높은 가지에 집을 지으면, 그 해엔 큰 태풍이 없을 거라고 예상했다는 식이다. 반대로 까치가 집을 낮게 지으면 미리미리 태풍에 대비했다. 제비가 낮게 날면, 비가 올 거라고 예측했다는 조상들의 현명함도 익히 들어 잘 아는 이야기가 되어 전해진다.

카오스 이론에 따르면, 지구 반대편 나비의 날갯짓이 지구 반대편의 태풍을 일으킬 수 있다는데, 이것이 이른바 나비효과다. 과학기술이 발전한 지금은 과거와 달리 최첨단 통신망과 소셜미디어의 기술로 인해 유기적으로 얽힌 세상이 되었다. 덕분에 정보가 유통되는 시간은 엄청 빨라졌고, 그 파급력은 과거와 비교할 수 없을 만큼 강력해졌다.

필자가 진료가 없는 시간을 이용해 호가창을 지켜본 시간을 따져보면 수천 시간도 넘는다. 오랫동안 호가창을 들여다본 덕분인지, 어떤 종목의 미묘한 변화를 남들보다는 빨리 눈치채는 것 같다. 그런 변화를 주도하는 이들이 누군지는 잘 모르겠으나, 그들은 우리보다 정보력에서 월등히 앞서 있다. 필자와 같은 개미가 포털 뉴스만 의지하면서도 다행히 주식시장에서 살아남을 수 있는 이유는, 비록 고급정보에 접할 수는 없어도 누군가 고급정보를 통해 시세를 움직이고 추세를 만드는 의도를 차트로 알아채며, 그들이 가고자 하는 방향으로 함께 투자하기 때문이다. 평온하던 차트에 진폭이 커지면 필자는 으레 긴장한다. 위로 갈지 아래로 갈지 모르지만, 유심히 지켜보다가 그들의 의도가 위쪽이라는 감이 오면 그 방향으로 같이 서고, 그렇지 않으면 과감히 던진다.

필자 또한 과거엔 많은 분들이 들락날락거리는 포털 주식게시판에 글도 올리고, 갑론을**박**했다. 그러나 지금은 잘 들어가지 않는다. 검증되지 않은 거짓 정보와 교묘한 세력 알바들의 글에 현혹되어 결정적인 순간, 참인지 거짓인지 헷갈려 오판할 수 있기 때문이다. 내가 읽고, 보고, 쓰는 모든 것이 나의 매매에 무의식으로 영향을 미치게 마련이기에, 주식투자자는 늘 마음을 고요하고 정갈하게 갈고 닦아야 한다고 생각한다. 주식을 하면서 시정잡배나 소인배와는 말도 섞지 말라. 누군가와 쓸데없이 주식에 대해 언쟁을 벌이면 벌일수록, 알게 모르게 그들의 사고방식에 내가 영향을 받는다. 이 점을 기억하자. 북적거리고 시끄러운 곳에서는 큰손, 세력의 의도가 잘 읽히지 않는다. 그들의 의도는 오히려 조금 멀리 떨어져서 고요하게 마음을 가라앉히고 바라볼 때 어렴풋하게나마 짐작할 수 있다. 다시 강조하지만 호가창을 오르내리는 가격보다는 가격 뒤에 숨은 누군가의 의도를 파악하고, 이를 투자에 적용하는 것이 중요하다.

완전한 사육 1

세력 이야기

간혹 가격이 떨어지는 주식에 투자하면서 아래와 같은 일들을 겪어보셨을 것으로 안다.

- 시초가에 갑자기 물량이 실리며 하한가가 찍혔다가 체결 직전에 풀리면서 다시 전날 호가로 돌아온다.
- 시간외에서 하한가를 만드는 허매도를 걸었다가 체결 직전에 풀린다.

이런 주가 움직임의 진짜 의도는 무엇일까? 개미들은 이런 상황을 지켜보며 마구 욕을 쏟아내겠지만, 나는 생각이 좀 다르다. '곧 반등하겠구나, 변화가 임박했구나(물론 때와 상황에 따라 다르지만…)' 하고 직감한다. 내려가는 주식엔 이미 악재가 반영될 만큼 반영되었을 텐데, 저런 일이 벌어지는 건 의도가 있다고 봐야 할 것이다. 저 주식에 투자한 개미들을 향해 누군가가 '나 여기 있으니 어서 나가세요!'라고 대놓고 협박하는 듯하다. 그 이유가 무엇일까?

- 누군가가 정말 심심해서 마치 장난처럼 보이는 저런 일을 하는 걸까?
- 시간도 많고 돈도 많은 누군가가 왜 시가총액 몇 조짜리 기업의 시초가를 지들 마음대로 엎치락뒤치락 흔들까?

필자는 그게 늘 궁금했다. 주식을 볼 때, 그리고 과거의 기록을 확인할 때에는 흔적을 찾아야 한다. 그들의 흔적 말이다. 믿거나 말거나 대한민국 모든 주식에는 주인이 있다. 그 주인이 누군지는 잘 모른다. 대주주가 오너일 수도 있고 오너와 무관한 세력일 수도 있다. 한 가지 확실한 건 아무리 큰 주식이라도 주인이 분명 있다는 점이다. 즉 어떤 주식이든 주가를 관리하는 주체, 주인이 있다. 어떤 주식은 그 주체가 외국인이고, 어떤 주식은 기관투자자가 주인이다. 한 가지 사실은 주가는 우리 개미들의 의도가 아닌, 그들의 의도대로 움직인다는 점이다. 이를 믿는 분들도 안 믿는 분들도 있겠지만, 필자는 결국 주가의 움직임은 큰손이 좌지우지한다고 생각한다.

흔히들 그들, 큰손 등으로 부르는 그들의 실체가 무엇이든 간에 아무튼 '세력'이라는 뉘앙스는 안 좋은 의미로 들린다. 때때로 세력을 코스닥의 잡주나 컨트롤하는 이들로 생각할 수도 있지만, 주식시장에는 그 크기와 모습만 다를 뿐 수많은 합법적·비합법적 세력이 존재한다. 그들은 개미들이 상상할 수 없는 정보력과 엄청난 자본, 그리고 필요할 경우 언론까지 동원해서 언제든 종목 하나, 섹터 하나쯤은 작업할 수 있는 능력을 갖고 있다. 거기에 한 술 더 떠, 개미는 오르는 한 방향으로만 베팅하지만, 저들은 오르는 데 베팅도 하고 공매도를 활용해 내리는 데에도 베팅한다. 아니면 개별종목은 내려도 종합주가지수나 선물옵션 지수 하방에 베팅하여 수익을 내기도 한다.

필자는 종목을 고를 때 과거의 흔적을 찾아 현재 이 종목을 컨트롤하는 이들이 있는지를 살핀다. 그리고 있다면 규모가 어느 정도이고 의도가 무엇인지를 파악하는 등 그 종목을 분석한 후에 들어가 수익을 내는 편이다. 아무리 숨기려 해도 결국 그들이 투여한 돈을 회수하려면 주가를 띄워야만 한다. 그리고 거기에는 명분이 필요하다. 그 명분은 때때로 그들이 아닌 세상이 만들어낸다. 어떻게 보면 그들도 완벽한 것 같지만, 때를 기다려야 함은 우리 개미와 똑같다. 막대한 자금을 넣고 기다려야 하고, 어쩌면 개미보다 더 힘든 싸움을 하는 것이 그들일 수도 있겠다. 개미가 돈을 벌려면 어떻게 해야 할까? 당연히 그들과 같은 방향에 서서, 그들 입장에서 시장을 바라봐야 기회가 온다. 필자는 비록 작은 위성도시의 10평짜리 병원 의사지만, 작은 진료실에서 여의도 증권가 사무실의 그늘이 '이 주식을 어떻게 요리해서 개미들을 혼란에 빠트릴지' 궁리하는 모습을 상상해본다. 그분들은 생각보다 나이스맨이 아니다. 따라서 개미와 함께 먹는 것을 매우 싫어하신다. 특히 그분들이 가장 싫어하는 부류가 큰 물량으로 들어와 끝까지 버티다 위에서 터는 필자와 같은 부류다. 그분들이 보기엔 나는 기생충 같은 존재일 수 있다. 그분들은 나름 계획이 있으시다. 게다가 돈도, 인내심도, 시간도 많으시니 존경할 수밖에 없다.

완전한 사육 2

정신의 지배자

정확한 주체가 누군지는 모르겠지만 정신없이 하락-횡보하며 떨어지던 주가가 슬금슬금 오르기 시작한다. 주식 관련 게시판에 가보면, 세력이 아닌 해당 기업에 투자한 개미주주들마저 자기가 산 주식에 지쳐서, '잡주는 골로 가라!'는 둥 스스로 욕하는 지경에 이르렀는데, 이상하게도 정말 주가가 야금야금 오르기도 한다. 그러다 중간 중간에 살짝살짝 올리거나 내리면서 주가를 흔든다. 지친 개미들이 조금이라도 오른 금액에 손절하는 물량을 받아간다. 그리고 똥개 훈련에 돌입한다. 일명 박스권 똥개 훈련이다.

가령, 현재의 주가기 7민 원이넌 9만 6,000원까지 3개월 간격으로 세 번 정도 오르내린다. 이 주식의 주주들은 미치기 일보 직전이다. 그러다 네 번째 다시 9만 원을 넘긴다. 그들의 훈련에 지친 개미들이

'야 누굴 바보로 아나? 또 장난을 치네!'라고 성을 내곤 두 번 다시 속지 않겠다는 심산으로 9만 6,000원 선에서 모두 팔아치운다. 떨어지면 또 잡아야지 하고 팔았지만, 이게 웬걸! 당연히 내려갈 줄 알았던 주가가 툭툭 치고 오르더니 10만 원을 돌파한다. 어라, 이러다 놓치겠는걸! 그런데 정말 악질인 그분이라면 여기서 개미들을 한 번 더 꼬득이기 위해 한 번 더 떨구고 출발시킨다.

호가창을 보며 느끼는 안타까움이 있다. 사실 지금도 주식을 들여다보면서 화가 치밀어 오르는 게, 넉 달을 고생한 개미들, 7만~9만 원 구간에서 잘 버티던 개미들이 10만~11만 원 구간, 정말 몇 프로 조금 올려줬다고 물량을 모두 털어내는 모습이다. 그분들이 지난 넉 달간 실시한 특별 정신교육, 완전한 사육의 희생양이 되고 마는 것이다. 그렇게 넉 달 고생한 개미들은 7% 수익에 만족하고 나간다. 인간은 본능적으로 고통을 피하고 싶어 한다. 혹시 '주가가 다시 내려갈 수 있다!'는 공포를 심어주고자 그분들은 지난 넉 달간 참 열심히 개미들을 훈련시켰다. 개미들은 주가가 빠지는 공포를 피하고자 미래의 더 큰 수익을 포기한 채 7%를 먹고 만족한다. 개미가 개미다워야 개미지, 안 그래? 하면서 말이다. 그러나 좀 오르다 빠지겠지 하던 주가가 미친 듯 상승한다. 10만 원을 넘어 11만 원, 12만 원, 13만 원… 게시판에는 이제 곧 20만 원까지 오른다는 글들이 쏟아지고 10만 5,000원에 팔아치운 개미들이 13만 5,000원 이상의 주가에서 대거 입성하는 믿지 못할 광경이 펼쳐진다. 하지만 그분들의 운전은 아직 끝나지 않았다. 끝없이 오를 것 같던, 올라야 하는 주가가 갑자기 주춤하고 이격이 줄어들더니, 어느 날 갑자기 갭으로 음봉이 뜨고 주저앉는다.

'에이 설마, 20만 원까지 주욱 간다며!'

개미들은 추매에 나선다.

'야, 어디서 페이크를 치고 난리야! 30만 원까지 함 올라가보자~!'

고점에서 그분들의 물량이 다시 개미들의 손으로 넘어가는 순간이다. 그리고 주가는 점점 활력을 잃고 30만 원은커녕 3만 원을 향해 야금야금 빠진다. 그분들이 존재하는 근본 이유는 주가가 쌀 때 개미를 털고, 주가가 비쌀 때 개미한테 넘기기 위해서다. 거기에 그들이 동원할 수 있는 모든 기술이 활용된다. 때때로 언론까지 장단을 맞추며 호의적이고 친절한 기사가 쏟아진다. 고점에서 언론이 지나치게 친절해지는 때를 조심하자. 과거엔 뉴스 한 줄 없더니, 관계자의 인터뷰까지 지면에 실린다. 회사의 내부 상황을 동네방네 상세히 알리며 앞으로 더 좋아질 거란 이야기 일색이다. 주식이 고가라고 생각되는 구간에서 언론이 지나치게 친절할 때를 조심하자. 거꾸로 언론에서 모 회사가 내일 바로 무너지고 망할 것처럼 난리를 치면 둘 중 하나다. 진짜 망하든가, 아니면 주가가 바닥이든가.

수익은 감내한 공포,
고통의 크기와 비례한다

주변의 지인들 중에는 주식 좀 가르쳐달라는 분들이 많다. 그래서 이렇게, 저렇게 해보라고 조언해 드리면, 꼭 듣게 되는 질문이 있다.

'그래서, 뭘 사야 할까요?'

참 난감하다. 혹자는 필자가 투자하는 종목을 단도직입적으로 묻기도 한다. 대답을 피하자니 그렇고, 알려주자니 그 이후부터 시장이 흔들릴 때마다 낮밤 가리지 않고 연락이 온다. '왜 흔들리냐, 이거 얼마까지 가냐, 언제 파냐, 그리고 언제 팔 거냐?' 많은 질문이 쏟아지지만 어떤 답을 해야 할지 나도 잘 모른다. 장이 크게 흔들려 내 마음 추스르기조차 힘든 상황에서 '이거 팔아야 되냐?'고 물어 오시면, '괜히 종목을 추천해 맘고생'이라는 회의가 들기도 한다. 그나마 주가가 올라 언제 팔지 고민하는 경우는 양반이다. 거꾸로 주가가 내리기라도 하면, 진짜 난감한 상황이 연출된다. 아무리 친하고 편한 사이라도 매도하라고 알려주었는데, 혹 판단이 틀리기라도 하면 쓸데없는 원한을 사기도 한다.

필자가 알려준 주식이 보합세이거나 좀 떨어지기라도 하면, 여기저기서 카톡 알람이 울린다. 나는 대부분 큰돈을 투자하기 때문에 마이너스 2억 원이 났음에도, 몇 백 만 원 손해가 났다는 친구를 내가 위로하는 웃지 못할 상황도 연출된다. 아무튼 돈도 돈이지만, 주변 사람들에게 종목을 오픈했을 때 가장 큰 문제는 집중이 흐트러진다는 점이다. 시장에서 떨어져 고요한 시선으로, 나만의 관점으로 내 주식을 바라보려고 하지만, 내 뜻과 달리 개미들의 감정, 개미들의 사고방식에 노출된다. 함께 의견을 나누고 공유하면 알게 모르게 탐욕, 공포, 두려움의 감정이 유행처럼 전이된다. 그간 내가 큰 수익을 낼 수 있었던 이유는 필자 나름의 사고 알고리듬이 다른 분들과 다르기 때문이라고 생각한다. 그렇다고 뭐 특별하다거나 거대하다는 말이 아니다. 그냥 범부중생일 뿐 주식의 고수라거나 대인배 수준에 한참 못 미친다. 일반 개미투자자들과 다른 뭔가가 있겠거니 하는 정도일 텐데, 다른 개미들의 알고리듬과 필자의 투자 판단이 섞이면 나만의 고유 알고리듬노 영향을 받는다.

스윙트레이더 성현우의 **주식투자 리부트**

돈은, 특히 주식은 혼자 조용히 고요하게 버는 게 낫다. 주식에서 내가 얻은 수익은 그간 내가 시장에서 마주한 공포의 크기와 비례한다. 큰 수익을 내기까지 얼마나 많은 공포와 마주했으며, 이를 극복했는지 사람들은 모른다. 내가 그 안에서 몇 번을 울고, 고통스러워했는지는 관심 밖이다. 온통 누군가 번 돈의 크기만 궁금해 한다. 내가 몇 억씩 얻어터질 땐 돕는 사람이 없어 그 고통이 오롯이 내 몫이지만, 몇 억씩 벌면 다들 쉽게 벌고 돈도 많으니, 그 돈 좀 달란다. 다시 말하지만 아픈 만큼 성숙하고, 이겨낸 고통만큼 돈을 버는 곳이 주식세계다.

가끔 유튜브를 보면, 방송에서 어떤 분이 모 종목을 추천했는데 그 종목이 떨어지면 댓글창이 아주 난리다. 그 분은 선한 의도로 자기 생각을 언급한 것일 뿐, 본인들이 투자해서 손해가 났는데 왜 남을 원망하는지 이해가 안 된다. 반대로 만약 돈을 벌었다면 그 분을 수소문해 찾아가 밥 한 끼 대접할 것인가? 결국 잘 되면 내 탓, 안 되면 남 탓이다. 이런저런 이야기를 하고 있지만, 어쨌든 돈에 대해 말을 할 땐 늘 조심스럽다. 스스로 공포를 이겨내는 훈련이 되어 있어야 시련이 와도 수익이 난다. 공짜로 버는 돈은 없다. 돈에도 눈이 있다. 내 것 아닌 돈이 들어오면, 그 돈은 어떻게든 원래 주인을 찾아 다시 빠져나가려고 몸부림을 친다.

행여 필자가 분명 매도 사인을 주었음에도 안 팔고 있다가 결국 크게 물려서 마이너라도 나면, 그 후론 보통 그 지인과 자연스럽게 연락이 끊어진다. 모르긴 해도 분명 마음 한구석에 나를 원망하는 마음이 가득할 것이다. 주식 때문에 사람을 잃는 건 슬픈 일이다. 그래서 요즘에는 매정하다는 소리를 들을지언정 종목 추천이나 오픈을 부모나 친척에게조차 안 하는 편이다. 특히 얻어터질 때는 그냥 혼자 얻어터지는 것이 속편하다.

아직 주식고수가 되려면 멀었고, 오늘도 배워가며 투자하는 입장인지라 내가 말하는 정보가 정보랄 것도 없겠지만, 누군가 알려준 정보로 돈을 벌었더라도 그렇게 번 수익은 오래 가지 못한다. 자신이 노력해 공부하고 선택한 종목이 아니기에 그렇게 번 돈은 엉뚱한 곳에서 털리기 쉽다. 다시 말하지만 정보매매에 목마른 사람은 정보만을 쫓게 마련이다. 운 좋게 성공한 한두 번의 투자가 주식투자의 전부가 아님을 말하고 싶다.

필자에게 종목 추천을 바라는 분들에게 행여 거절이라도 하면, '건방져졌다, 사람 그렇게 안 봤는데 변했다. 종목 하나 추천이 뭐 대수라고 유세냐!' 별 소리를 다 듣는다. 그래서 안타깝게도 나의 인간관계는 주식투자 이후 과거보다 좀 더 좁아진 것 같기도 하다.

이보게 젊은이, 두렵지 않은가?

필자가 책을 준비하면서, '개미투자자들의 전설'로 불리는 남석관 선생님과 저녁식사를 할 소중한 기회가 있었다. 주식투자자, 특히 개미투자자들 사이에서는 정말 유명하신 분이다. 최근에는 유튜브 등에 출연해 개미투자자를 위하여 아낌없는 투자조언 활동도 하신다. 나 역시 선생님의 영상 자료를 즐겨 시청하는 애독자다. 사실, 필자는 지난 5년간 투자하며 누군가에게 주식을 배워본 경험이 없다. 주식을 전문으로 하시는 전업투자가는 물론, 일반 개미를 만난 일도 거의 없다. 그냥 나 혼자, 나만의 세상에서 상상의 나래를 펴고 매매해왔다. 그랬기에 남 선생님과의 만남이 설레었고, 식자 자리에서는 자연스럽게 주식에 대한 이야기가 오고갔다. 출판사를 통해 필자의 이력과 투자 스타일을 알게 되신 선생님은 두 가지가 궁금하셨던 것 같다.

첫째는 주식을 하는 대부분의 개미들과 심지어 전업투자가도 여윳돈으로 주식을 하지, 나처럼 전세금까지 빼 월세로 돌리고, 심지어 신용까지 엄청 끌어다 절박하게 투자하는 사람은 처음 보셨단다. 그래서 궁금하셨단다. 그런 용기와 절박함, 그리고 근성이 어디서 비롯되었는지를 물으셨다. 명문대 출신에 대기업도 다녀보고, 전문의 자격까지 갖춘 세상 부러울 것 없어 보이는 젊은이가, 대체 무엇 때문에 그렇게 절박하게 주식투자에 매달렸는지 궁금하셨던 것 같다. 사실, 우리 가족의 역사는 희생의 역사였다. 찢어지게 가난했던 농사꾼 할아버지는 소를 팔아 장남인 아버지를 마산과 부산으로 유학(?) 보내셨다. 힘들게 고생해가며 공부한 흙수저 아버지는 훗날 당신의 아들을 미국으로 유학 보냈다. 회사원 아버지의 월급으로는 아들의 유학비를 감당할 수 없었다. 아버지는 아들의 학비를 마련하고자 부업으로 키우던 나무를 팔아가며 뒷바라지를 했다. 그렇게 내가 유학하는 동안 아버지는 10년 동안 덜덜거리는 차를 타고 다니셔야 했다. 나는 딱 내가 할 수 있는 것만큼만 할 수 있었을 뿐, 여유 있거나 풍족한 삶을 살아온 건 아니다. 가족도 나도 삶이 늘 빠듯했다. 그래서 나는 이를 악물고 공부해야 했다.

나에겐 어쩌면 역마살이 있는지도 모른다. 레지던트 시절엔 서울성모병원 소속이었지만, 계열 병원이 있는 부천, 인천, 의정부, 서울, 대전, 창원, 청주 등으로 파견을 자주 나갔다. 군생활도 충남 계룡대, 경남 진주교육사령부에서 복무했다. 강남에서 월세로도 살아보고, 서울 위성지역에서도 살아봤다. 미국에서 생활해본 경험과 우리나라 여러 곳에서 살아본 후 느낀 점은 부자 동네와 가난한 동네의 차이는 돈의 많고 적음보다 교육 철학이 다르다는 점이다. 부자 동네에선 부모들이 불편해도 자식을 위해 최선의 선택을 내리려고 한다. 반대로 가난한 동네의 부모는 자식을 위한 선택 대신 본인들 몸 편한 선택을 한다. 내 부모님은 부자는 아니었지만 당신들이 좀 불편해도 늘 아들을 위한 최선의 선택을 하셨다. 그래서 항상 감사하다.

  나는 부모님의 희생을 잘 안다. 그래서 한눈 팔 수 없었다. 필자의 고등학교 시절 별명은 독종이었다. 누군들 독종이 되고 싶었을까. 대학 시절엔 유학 온 대부분의 한국 친구들이 부잣집 출신이었다. 나는 그들과 같은 학교를 다녔으니 동일한 출발선상에 있다고 생각했다. 그러나 졸업 후 사회에 나와 결혼할 때 즈음, 내 생각이 착각이란 걸 알았다. 친구들은 서울에 전세든 자가든 신혼집을 마련할 때면 몇 억원씩 부모로부터 도움받고 출발했다. 학창 시절, 그들과 같은 출발선에 서 있다고 생각했고 같은 속도로 인생을 달린다고 여겼다. 하지만 학교를 졸업하고 사회생활을 시작해보니, 같은 출발선이라고 생각했던 친구들과 부의 격차가 현저하게 보이기 시작했다. 나는 전세대출 2억을 융통해 신혼생활을 경기도 옥탑방에서 시작했다. 전세대출을 받으러 은행에 갔을 때 창구에서 전세대출을 거절당하기도 했다. 전세대출 거절 사유는 신용등급이 낮았기 때문이다. 부모님께선 은퇴 후 아버지의 고향 경남 고성에서 작은 수목원과 카페를 운영하신다. 그러나 고정적인 수입이 들쭉날쭉하다 보니, 운영비 마련도 버거운 눈치였다. 레지던트 시절부터 나의 월급, 카드론, 마이너스통장 등으로 내가 할 수 있는 만큼 부모님을 도와드렸다. 덕분에 막상 결혼을 하려고 보니, 모아둔 돈은커녕 빚만 한가득 신세였다. 이처럼 잦은 단기대출 이력이 나의 낮은 신용등급의 원인이었다. 하는 수 없이 아내의 신용을 이용해 전세대출 2억 원을 얻어야 했다.

허우대는 멀쩡해, 전문의자격에, 미국 명문대 출신이래… 겉은 화려한 듯 보여도 필자의 속은 썩어 들어가고 있었다. 명문대만 나오면 인생이 정말 달라질까? 천만에, 그런 세상은 끝난 지 오래다. 물론 좋은 학교, 좋은 간판을 갖고 있다면 어떤 일을 새로 시작할 때 장점이 될 수는 있다. 하지만 그 이후엔 오로지 자신의 실력으로 입증해야 한다. 필자가 주식을 악착같이 하는 이유가 여기에 있다. 부모 힘 빌리지 않고 내 실력으로 집을 사야 했으니까.

남들은 저만치 앞서 달리는데, 나만 점점 뒤처지는 느낌이 들었다. 그러나 현실을 원망한들 뭣하랴. 깨끗이 인정하고 내 현실 속에서 최선을 다하고 악착같이 살며 만회하는 수밖에… 그렇게 주식투자를 이 악물고 해왔다. 흔히들 카지노 하우스와 일반인의 승률에 엄청난 차이가 날 거라고 믿지만, 놀랍게도 그 승률의 차이는 많아봐야 1~2%다. 그 1~2% 승률 차이에 게임이 거듭될수록, 카지노는 돈을 벌고 일반인은 돈을 잃는다. 인생이나 주식이나 매한가지다. 노력하지 않는 사람은 없다. 그러나 저마다 노력의 정도, 수준이 다르다. 나의 노력이 남들의 노력보다 1~2% 차이가 나고 차별화가 있어야 인생이라는 게임뿐 아니라 주식에서도 성공한다. 그 작은 1~2%의 엣지가 모든 걸 바꾼다.

남 선생님의 두 번째 궁금함은 두려움에 관한 것이었다. 선생님이 먼저 단타계좌 하나를 보여주셨다. 남의 계좌를 들여다보는 것, 그것도 고수의 계좌를 눈앞에서 보는 건 무척 신기한 경험이었다. 작은 돈을 굴려 큰돈으로 만든 선생님의 계좌 중 하나였다. 사실 이름도 없는 개미 주제에 감히 선생님 앞에서 계좌를 보여드리거나 할 생각은 전혀 없었다. 다만 선생님이 먼저 보여주시니까, 왠지 나도 계좌를 보여드려야 할 것 같은 의무감이 들었던 것 같다. 그간 내가 어떤 식으로 매매하고, 수익이 얼마나 되는지 자연스럽게 오픈이 됐다. '어쩌면 이 세계에서는 말보다 결국 계좌로 ID 체크, 신분 확인을 하는구나!' 그런 엉뚱한 생각도 들었다. 화려한 말로 내가 얼마나 대단한 매매를 했는지 떠드는 무용담, 그런 거 필요 없다. 주식은 누가 뭐라 해도 수익이 모든 걸 대변한다. 나의 계좌를 살펴보던 선생님은 한 종목에 큰돈이, 그것도 신용까지 엄청 끌어다 쓴 걸 확인하고는 무척 놀라시는 눈치였다.

'이보게 젊은이, 두렵지 않은가?'

사실 필자는 5년간 매매하면서 하룻강아지 범 무서운 줄 모른다고, 나의 매매가 두렵다고 생각해본 적이 없었다. 1년에 몇 번, 큰 물량으로 승부해 수익이 난 필자의 계좌를 보고 대한민국 최고의 고수께서 두렵지 않느냐고 물으시니 적잖이 당황했다. 5년간 그렇게 매매해온 필자는 그 방법이 일상이었고, 그냥 그런가 보다 하고 살았다. 그런데 주식세계에서 산전수전 겪으신 절대고수의 눈에는 필자의 매매가 용기 없이 절대로 할 수 없는 투자로 보였던 것 같다. 남 선생님의 질문에 나는 솔직히 고백했다.

'두렵습니다!'

다만, 두려움을 외면하기는 쉽고 훗날 아무것도 만들어지지 않지만, 두렵더라도 마주볼 수 있다면 훗날 그 두려움이 뭔가를 만들어주더라고 말씀드린 것 같다. 앞서 몇 차례 밝혔듯 필자의 매매 스타일이 무모한 부분이 없는 건 아니다. 다만, 주식을 매수할 때 반드시 이 주식으로 얼마의 수익을 내야겠다는 생각 대신, 내가 이 주식으로 얼마 정도 잃어도 좋다는 각오와 금액부터 결정하고 투자한다. 설령 주식이 떨어져 엎어지고 고통스럽더라도 다시 일어설 수 있을 정도의 종잣돈을 남기고 달갑지 않은 손실을 잘라내왔다.

남 선생님은 식사가 끝난 후, 필자에게 이런 말씀을 해주셨다. 가진 게 많아 지킬 것이 커지면 공격적인 투자가 망설여질 수밖에 없다고… 힘들 게 벌었기에 잃는 게 두렵고, 잃지 않으려 급급해진다고… 오랜 만에 젊은 친구를 만나 많은 걸 느꼈고, 한편으로는 열정을 일깨워주어 고맙다고… 고수께서 필자 같은 애송이를 만나 격려와 과찬의 말씀을 동시에 해주셨다. 그 상황을 생각하면 지금도 몸 둘 바를 모르겠다.

필자 역시 주식투자를 하며 두려운 생각이 들기는 마찬가지다. 마음속에 두려움이 일어설 때 스스로에게 묻는다. '여기서 얼마를 잃으면, 삶이 곤란해질까?' 1,000만 원을 들고 주식을 시작했을 땐 그 기준이 300만 원이었다. 그리고 1억 원을 투자할 땐 3,000만 원이 마지노선이었다. 한 번 매매로 3,000만 원을 잃는다면, 직장인 평균 연봉이 그 정도니까, 내가 진심을 다해 투자했음에도 3,000만 원을 잃는다면, 1년간 열심히 노동으로라도 메워야 한다고 다짐했다. 잘못을 했다면 상응하는 벌을 받아야 마땅하지 않은가! 투자금이 10억 원일 땐 1억 원 손실 마지노선, 급기야 투자금이 30억 원으로 더 커졌을 땐 3억 원을 손실 한도로 정했다. 여러분도 아는 이야기겠지만, 주식의 기본은 벌 때 크게 벌고 잃을 때 손실을 최소한으로 끊어야 한다. 필자는 1억 원을 투자하면서 벌 때에는 5,000만 원, 1억 원을 벌고, 손실은 3,000만 원 이내로 끊었다. 10억 원을 투자하면서 벌 때에는 2억, 3억, 5억 원을 벌고, 손실은 1억 원 이하로 끊었다. 또 30억 원으로 투자할 때에는 5억, 10억 원을 벌고, 손실은 3억 이하로 끊었다. 다짐을 실천으로 옮긴 것이다.

손실을 3억 이하로 끊는다는 기준을 세우긴 했지만 필자도 3억 원이 얼마나 큰돈인지 누구보다 잘 안다. 주식을 하기 전, 전세자금 대출과 마통을 융통해 마련한 나의 전 재산이 마이너스 3억 원이었으니까… 하지만 잃지 않고 벌기만 하는 투자는 세상에 없다. 그것이 주식투자의 현실이라면, 손실을 무작정 겁내거나 외면하는 것만이 능사는 아닐 것이다.

주식경영학

한 번에 큰돈을 넣는 투자! 이런 투자를 계획하고 있다면, 내가 선택한 기업을 뼛속까지 알아야 한다. 필자는 투자할 기업의 지분 구조, 검색해서 볼 수 있는 CEO의 관상과 사주, 심지어 배우자가 누구이고 어떤 차를 타는지 등 필자가 알아볼 수 있는 한도 내에서 거의 모든 걸 살펴본다. 비록 개미이지만 스스로 애널리스트, 펀드 운용담당자라는 생각으로 투자해왔다. 그리고 일단 투자한 후엔 그 기업의 IR 담당이라는 마음으로 해당 기업의 제품도 써보고, 지인들에게 열심히 홍보도 한다.

소프트뱅크의 손정의 회장도 처음엔 무모한 투자가, 몽상가라는 소리를 들었다. 하지만 알리바바 투자로 무려 3,000배 수익을 회수하고, 그 밖에 여러 대박 투자로 지금까지 건재하다. 물론, 벤처투자가 모두 대박이 나는 건 아니다. 겉으론 대박을 치고 화려해 보이지만, 10개 기업에 투자할 경우 10배, 텐배거(10-bagger)가 하나 정도 나오면 다행이다. 그러나 나머지 1~2개에서 2배 3배의 성적, 나머지는 원금, 그리고 몇 개는 본전도 못 건지는 손실이라면 사실 1개에서 10배 수익이 나도 전체적으로 돌아오는 실제 이익은 생각보다 큰 수익이 아닐 수도 있다. 실상은 대략 은행이자보다 좀 나은 정도일 수 있다.

필자가 통상 1년에 5종목을 투자한다고 치면, 거기서 손실 1개, 수익 4개 정도를 본다. 수익 4개 중 1종목은 30% 이상의 대박, 2개 종목은 20%의 중박, 나머지 1개 종목이 10% 정도의 수익이다. 당연히 들어가는 종목마다 모두 대박을 칠 순 없다. 여기서 중요한 이야기는 5종목 중 1종목이 손실이 났을 때, 손실을 최소화하고 나머지 수익 종목에서 최대한의 수익을 내야 한다는 점이다. 만약 3개월을 투자했음에도 1종목도 수익이 안 나 본전이라면, 비록 잃지는 않았어도 3개월의 기회비용이 들어간 셈이니 이는 실패한 투자와 같다. 필자는 1년에 5종목 정도 투자하지만, 스스로 작은 투자신탁, 벤처캐피털 VC 1인 기업이라는 생각과 마음가짐으로 종목을 고르고 투자한다. 정리하면 지난 5년간 평균 1년 투자 5종목 중 대박 1개, 중박 2개, 소박 1개, 그리고 손실 1개의 성적을 내왔다.

필자의 투자 스타일, 스나이퍼 매매의 핵심은 첫째 종목, 둘째 기간, 셋째 수익이다. 단타매매는 짧은 기간, 주식 매수매도를 통해 회전율을 높이고, 그 안에서 적은 금액으로 수익을 내서 돈을 번다. 그러나 자칭 스나이퍼 매매, 중기스윙에서는 수익률이 가장 중요한 요소가 아니다. 투자 기간 동안 얼마나 큰 금액으로 얼마의 큰 수익을 얻느냐와 만약 손실이 나면 손실을 얼마나 최소화하는지가 핵심이다.

내가 2020~2021년에 투자했던 아모레퍼시픽, 호텔신라, 신세계인터내셔날, 덴티움, 휠라홀딩스, 코오롱인더스트리 등의 공통점은 혹시 물리더라도, 적어도 부도가 나 상장폐지 가능성이 매우 낮은 견실한 기업이라는 점이다. 이런 기업에 물리면 아주 최고가에 물리지만 않았다면, 시간이 좀 걸리더라도 언젠가 본전의 기회가 반드시 온다. 그래서 기꺼이 기회라고 여겼고 거금을 투자했다. 필자는 코스피든 코스닥이든 큰돈으로 투자하기에 적합한 시총 5,000억 원 이상의 우량 기업에만 투자한다. 시총 5,000억 원 이하, 매출과 영업이익마저 부실한 기업은 고려 대상이 아니다.

우리가 주식을 할 때 단순히 매매한다고 생각하기보다 1인 벤처캐피털의 심사역이라는 자세로 기업을 봐라봐야 좋을 듯하다. 이 기업에 얼마의 자원을 투자하여 얼마의 기간에 투자금을 회수할지 스스로 명확히 정리한 후 투자에 나서자. 스윙트레이더 펀드는 1년에 5종목, 기간은 1~3개월, 최장 6개월, 금액은 기업의 상황과 타이밍에 따라 현금만 넣기도 하고 신용 레버리지를 일으켜 투자하기도 한다. 나는 비록 손 안의 핸드폰으로만 매매를 하지만, 스스로 투자신탁의 대표 또는 벤처캐피털의 심사역이라는 생각으로 주식을 투자해왔다. 내가 만약 기관이라면, 펀드라면 남들이 나에게 투자할지 한번 생각해보자. 기관이라도 다 유리한 건 아니다. 기관에 속해 투자하면 의사결

스윙트레이더 성현우의 **주식투자 리부트**

필자의 투자 경험 하나를 소개한다. 몇 년 전, 모 중소항공사에 투자했던 경험이다. 이 주식은 시총도 적고 호가창도 얇았다. 그런데 내가 처음 생각한 방향과 주가가 다르게 움직인다고 판단해 한 번에 10억 단위의 물량을 한 번에 지르고 말았다. 그러자 이 주식이 장중에 몇 프로 마이너스로 주저앉으며 난리가 났고, 그 모습을 지켜보던 나는 덜컥 겁이 났다. 그 경험 이후 시총 5,000억 원 이하, 호가창 매물이 얇은 종목은 되도록 매매하지 않는다. 주로 코스피 150위 안의 기업, 시총 규모가 5,000억 원 이상 되면서 매출과 영업이익이 나오는 기업들 위주로 투자하는 편이다. 점심시간 또는 시간적 여유가 있을 때, 시총 순서대로 나열하고 일봉, 주봉, 월봉을 돌려보기도 한다. 그러다 눈에 띄는 종목이 있으면 관심종목으로 등록한다. 향후 이 기업의 주가가 어떻게 움직이는지 살펴보고 투자하는 것이다. 필자는 시총 상위 10위 종목들은 되도록 투자하지 않고, 시총 30~50위권 내, 시총 100~150위권 내, 또는 100위권에서 50위권으로 도약 가능성이 있는 기업에 집중해서 수익을 내는 편이다.

정이 늦고, 물량도 한 번에 빼기 힘들다. 그러나 필자는 개인이기에 빠르게 대응할 수 있다. 기관보다 신속한 의사결정 및 투자 실행을 할 수 있다는 것이 장점이라면 장점이다.

"

절대 시장을 이기려고 하지 마라.
이기려고 하면 할수록,
큰 대가를 지불해야 할 것이다.

"

– 제시 리버모어

5장 _____

매도의 기술

매도 어떻게 해야 좋을까?

일단 기본을 생각해보자. 주식의 기본은 싸게 사서, 비싸게 파는 것이다. 거기에 과매수, 과매도, 공포, 바닥, 고점 등 여러 가지 이야기가 더해지며 복잡해지는 것뿐이다. 본질은 '싸게 사서. 비싸게 팔기' 딱 하나다.

그럼 주식이 언제 비쌀까? 이게 문제다. 누구는 50만 원 가기가 식은 죽 먹기라 하고, 누구는 60만 원도 너끈하다고 말한다. 냉소적인 누군가는 미쳤다고 말하는 등 난리도 아니다. 다소 의아할 테지만, 나는 지금까지 주식을 하면서 목표가를 정해본 적이 없다. 그 이유는 목표가를 얼마로 정하는 순간, 그 가격에 심리적 앵커링이(Anchoring) 되고, 알게 모르게 그 가격을 의식하거나 집착하게 되어 매매에 영향을 줌을 알았다. 목표가를 정하는 대신 기업의 가치를 탐구하고 고민한다. 어디가 고점일지 필자는 모른다. 어쩌면 주가를 움직이는 그 분들도 목표가는 잘 모를 수도 있다. 그때의 시장 상황과 수급, 개미의 주머니 사정 등 여러 가지 변수가 작용할 것이다.

매도 사인,
기술적 지표에 대한 생각

'어떤 사인, 무엇을 보고 판단해서 주식을 매도하느냐?'는 질문도 필자가 많이 듣는 이야기 중 하나다. 감추거나 알려주지 않으려는 게 아니라, 이 질문도 난감하다. 잘 모르겠으니 말이다. 사실 매도와 매수 중 그나마 쉬운 건 매수다. 하지만 매도는 아직도 어렵다. 매도 후 '이게 맞나?' 하고 후회한 적도 많다.

매도의 경우, 투자자들이 정량적인 기술적 지표에 의존하는 분들이 많은 듯하다. 기술적 지표는 그 종류만 해도 엄청나다. 서점에서 기술적 지표를 나열해 소개한 책을 여러 권 사다가 공부도 해보았다. 정리하려면 책 한 권의 설명이 필요할 만큼 가격지표, 추세지표, 수급지표 등 수많은 지표가 존재한다. 사실 기술적 지표에 의존하자면, 참고할 지표가 너무나 많은 것이 오히려 투자자들을 혼란스럽게 만드는지도 모른다. 아무튼 기술적 지표에 의존하면 매도가 너무 복잡해진다.

필자는 컴퓨터 HTS 대신 모바일 MTS로 거래하는지라, 매매 시 주로 참고하는 건 거래량과 캔들차트 정도다. 기술적 지표는 몇 가지만 참고한다. 그런데 많은 분들이 기술적 지표에서 간과하는 부분이 있다. 우리 개미들이 상대하는 세력들은 지표에 골든크로스, 데드크로스 등의 사인을 얼마든 만들어낼 수 있다는 점이다. 그분들은 MACD, RSI 과열권에서 주가를 더 올릴 수 있고, MACD, RSI 매수권에서도 얼마든지 개미를 더 골탕 먹이고자 쌍바닥, 심지어 쓰리바닥까지도 인위적으로 만들 수도 있다. 따라서 지표만 보고 매도했는데 훌쩍 오르고, 지표만 보고 매수하며 바닥인 줄 알았는데 지하실을 파는 경우가 허다하다.

사실, 원고를 정리하면서 가장 할 말이 없어 고민한 부분이 매도 이야기다. 다시 말하지만 매도는 필자도 어렵다. 주식 고수들도 매도가 가장 어렵다고 입을 모은다. '모두가 흥분할 때, 과매수일 때' 말은 쉽다. 그래서 그게 언제인가? 그걸 모르니 매도가 힘들다. 게다가 매도는 '팔았는데 더 오르면 어쩌나?' 하는 조바심과 마주해야 하고, 더 큰 수익을 내고 싶은 욕심과도 상충하는 결정이다. 그래서 힘들다. 다만 필자는 어떤 기술적 지표에 의존하는 매도 공식보다 해당 주식이 처한, 그리고 거기에 투자하는 주체들의 감정과 분위기를 파악하고자 애쓴다. 사람들이 지금 흥분한 상태인지, 언론에서 장밋빛 미래가 다가왔으니 투자하라고 부추기는지, 개미들이 신용으로 만 원 단위까지 최대한 질러서 호가창에 1,000주, 5,000주 등 정수의 오더 대신 1,534

주, 5,342주와 같은 식으로 흥분한 시장가 매수가 쏟아지는지의 여부를 살펴본다. 가령, 모든 언론이 삼성전자 주가가 10만 원까지 간다고 떠들고, 주식 게시판에 그럴 듯한 논리와 언변으로 '자식에게 물려주는 주식을 안 사면 바보'라고 현혹하는 현상이 나타날 때가 바로 고점이다. 너무 기술적 지표를 맹신하지 말자. 이에 너무 의존하면 속임수에 당하기 쉽고, 자기 꾀에 스스로 넘어갈 수 있다.

때로는 이론보다 감이 더 중요하다. 하나의 예를 소개한다. 최연소 골프 여제 타이틀을 가진 리디아 고에게 슬럼프가 찾아왔었다. 스윙코치를 바꾸고, 스윙을 교정하던 리디아가 슬럼프에서 벗어나 다시 우승하기까지 많은 어려움이 있었을 것이다. 기존 스윙코치와 결별 후 방황하다가, 새 스윙코치 션 폴리를 찾아간 리디아는 짧은 시간에 50가지 질문을 했다고 전한다. 자기 스윙에 확신이 없었기 때문일 것이다. 션 폴리는 그녀에게 어떤 조언을 했을까? 그는 스윙 이야기가 아닌 '당신의 감각을 믿어라'고 조언했단다. 생각이 너무 복잡하면, 스윙 플레인에 너무 신경 쓰면 폼이 망가진다. 주식도 그렇다. 생각이 많으면 매매가 복잡하고, 매도가 힘들어진다. 물론 어떤 법칙이나 기법은 유용한 정보를 제공해준다. 법칙과 기법을 참고는 하되, 결국은 법칙과 기법에서 자유로워져야 한다고 생각한다. 필자 역시 기술적 지표를 살펴보지만, 징작 배노는 순간의 감으로 결정하는 경우가 대부분이다. 이걸 말로 설명하려니 참 어렵다.

작은 소아과병원에서 아이들을 진료하다 보면, 환자들 대부분은 경증의 감기 환자, 계절성 질환의 환자들이다. 그런데 가끔씩 어떤 환자의 증상을 살펴보다 등골이 오싹해지는 감이 올 때가 있다. 소아과 레지던트 트레이닝을 하며 신생아중환자실, 소아혈액암 병동에서 밤을 새워 근무한 경험이 헛일이 아니었음을 깨닫는다. 결정적인 순간, 감이 오는 것이다. 이런 감은 지식이 아니라, 경험에서 비롯된다. 주식도 매한가지다.

원샷 원킬, 스나이퍼 매도

5장 제목이 매도의 기술이지만, 더 무슨 말을 해야 좋을지 난감하고 망설여진다. '매도가 주식의 꽃'이라는 말에 필자도 동의한다. 사실 매수는 아무나 할 수 있다. 특별한 감이 없어도 왠지 좋아 보이는 주식, 앞으로 잘 될 것 같은 주식을 누구나 살 수 있다. 일단 사기는 했는데, 이 주식의 최고점이 언제일지는 아무도 모른다. 사실 최고점 매도는 아무나 할 수 있는 영역이 아니다. 나 또한 최고점 매도를 해본 경험이 있지만, 돌이켜보면 운이었을 뿐 어떤 지표나 공식을 갖고 매도한 건 아니었다. 대략 고점 언저리라고 생각하는 부근에서 더 욕심 부리지 않고 털고 나온다. 사는 것과 버티기는 자신이 있는데, 매도가 늘 숙제다. 빨리 팔면 후회가 막심하고, 더 갖고 있다가 주가가 곤두박질치면 '이 바보, 멍청아!' 하며 자아비판 모드로 들어간다. 정든 연인과 헤어지는 일이 어렵듯, 주식도 한 주식에 오랫동안 투자하면 정이 들고, 이별이 힘들다.

'장미꽃을 그렇게 소중하게 만든 것은 장미꽃을 위해 네가 소비한 시간이란다.'

《어린왕자》에 나오는 내용이다. 주식도 한 종목과 오래 함께하다 보면 애착이 생기고, 길들여지고, 팔기가 힘들다. 어려운 일일지라도 결국, 주식은 팔면서 완성되는 스토리이니까 매도 이야기를 좀 더 해보겠다.

일단 기본을 생각해보자. 주식의 기본은 싸게 사서, 비싸게 파는 것이다. 거기에 과매수, 과매도, 공포, 바닥, 고점 등 여러 가지 이야기가 더해지며 복잡해지는 것뿐이다. 본질은 '싸게 사서. 비싸게 팔기' 딱 하나다. 그럼 주식이 언제 비쌀까? 이게 문제다. 누구는 50만 원 가기가 식은 죽 먹기라 하고, 누구는 60만 원도 너끈하다고 말한다. 냉소적인 누군가는 미쳤다고 말하는 등 난리도 아니다. 다소 의아할 테지만, 나는 지금까지 주식을 하면서 목표가를 정해본 적이 없다. 그 이유는 목표가를 얼마로 정하는 순간, 그 가격에 심리적 앵커링이 (Anchoring) 되고, 알게 모르게 그 가격을 의식하거나 집착하게 되어 매매에 영향을 줌을 알았다. 목표가를 정하는 대신 기업의 가치를 탐구하고 고민한다. 어디가 고점일지 필자는 모른다. 어쩌면 주가를 움직이는 그분들도 목표가는 잘 모를 수도 있다. 그때의 시장 상황과 수급, 개미의 주머니 사정 등 여러 가지 변수가 작용할 것이다.

자칭 스나이퍼 매매라고 부르는 필자의 중기스윙에서도 매도 시점이 늘 고민이다. 몇 차례 소개했지만, 내 매매 스타일은 큰 종잣돈을 들고 낮은 가격이라고 생각한 부근에서 거의 단 한 번에 진입한 후, 한두 달 추이를 지켜보며 버티다 한 번에 털고 나온다. 필자의 중기스윙 매매가 아름답게 완성되려면 터는 시점, 즉 매도 타이밍을 잘 맞춰야 한다. 언제, 어떤 조건에서 팔아치울지 머릿속으로 계속 시뮬레이션을 한다. 때대로 종이에 메모를 하고 어떤 경우에 팔겠노라고 리마인드한다.

<그림 15> SK바이오사이언스 매수 후, 매도 타이밍을 잡기 위한 메모

필자가 SK바이오사이언스 매수 후, 매도 타이밍을 잡기 위해 공부하고 적어둔 메모다. 저런 메모지가 6장쯤 있었던 것 같다. 혹시 독자 여러분에게 도움이 될까 싶어(워낙에 악필이라 늘 자체 암호화가 되어 있어 번역 설명을 따로 적었다), 사진과 텍스트로 소개한다.

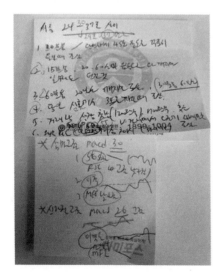

<매수 후, 매도 타이밍을 잡기 위한 메모>

① 30분봉 / (완만하게라는 필자만의 표현) 45도 정도로 꾸준히 따라붙기 좋게.
  올릴 때 조심
② 15분봉. 20일. 60일선이 음봉으로 다 깨지면 일부라도 던질 것
③ 60분봉 20일선 깨지면 조심(또는 30분봉 60일선)
④ 당일 시초가에 띄워놓고 3% 이상 까일 때 조심
⑤ 거래량 상장 첫 날 1,200만 주, 또는 VI 걸리면서 오전에 400만 주 터질
  때 조심
⑥ 매수, 매도 거래량이 40만주 이상 차이 시 조심
⑦ 120분봉 20일선 매도 사인 조심
⑧ 30분봉 60일선 깨지며 주봉 Stocastic slow 과열 시 신용물량 정리

• 삼성바이오 역사적 고점 기술적 조건 : MACD 30, stocastic slow 고점
  낮아짐. 이격 벌어짐. MFI(money flow index) 낮아짐
• 신라젠 고점 기술적 조건 : MACD 26, 이격 벌어짐, MFI 하락

메모에서 보듯, 필자는 2021년 7월에 SK바이오사이언스를 매수하면서도 언제, 어떻게 매도하겠다는 원칙을 미리 공부해서 정리했다. SK바이오사이언스가 바이오주니까 삼성바이오, 신라젠 등 다른 주식들이 과거에 찍은 고점에서 어떤 움직임을 보였는지 공부하면 도움이 될 거라고 생각했다. 차트를 열고 고점 확인 후, 어떤 기술적 지표들이 언제, 어떤 모양으로 그림을 그려갔는지 살폈다.

사실 내가 적어둔 매도 조건들은 SK바이오사이언스 주식이 아니면

아무짝에도 쓸모가 없다. 그런데 더 재미난 건, 필자가 공부해가며 애써 메모해 둔 여러 가지 기준이 있었지만 정작 SK바이오사이언스를 매도할 때 어떤 기준을 가지고 판 게 아니라, 그냥 감으로 팔았다. 그렇다면 이런 감은 어떻게 만들어졌을까? 아마도 관련 바이오주들의 매도 시점을 미리 공부하고, 또 오랜 시간 최적의 매도 타이밍을 고민한 무의식이 작용한 거라고 생각한다. 혹시 여러분도 지금 투자하는 종목이 있다면, 기술적 지표들을 공부해가며 팔고 싶은 가격을 결정하기보다는 어떤 상황과 조건이 오면 매도하겠다는 자신만의 조건을 만들어 준비하면 도움이 될 수 있다. 실제 매도 시엔 투자자 본인의 감이 더 큰 영향력을 행사할 가능성이 높다. 자신이 처한 상황, 욕심, 만족과 같은 감정 말이다.

2021년 8월 10일로 기억한다. SK바이오사이언스 주가가 30만 원을 넘어갔다. 필자가 적어둔 조건에 한두 개가 들어오기 시작했다. 그러나 미리 적어둔 메모나 기술적 지표를 기준으로 팔지 않았다. 주가가 정신없이 오르내리다 30만 원을 돌파했을 때, 증권계좌의 잔고를 확인했다. 그리고 계좌에 찍힌 평가액을 보며 잠시 생각에 잠겼다.

'일을 해서 저 돈을 벌려면 앞으로 몇 년이나 걸릴까?'

잔고에 찍힌 숫자를 보며 앞으로 내가 환자를 진료해서 저만큼 벌려면 몇 년이 걸리고, 몇 명의 환자를 돌봐야 하는지 생각해봤다. 순수익 기준, 무려 40년의 시간이었다! 순수입에서 생활비를 제외한 모든 돈을 40년 동안 저축해야 모을 수 있는 큰돈이었다. 나는 그 돈이 우리 가족에게 어떤 의미일지 생각했다. 만약 지금 판다면, 주식이 더 올라도 후회할 것인지 나에게 물었다. '아니오.' 그렇다면 만약 지금 팔지 않고 앞으로 주식이 더 내려간다면 후회할 것인지를 물었다. '네, 후회할 것 같습니다!' 익절 후에는 투자할 종목도 이미 결정해둔 상태였다. 나는 그 길로 SK바이오사이언스 21,467주를 전량 매도했다.

'생선 머리는 형님들 드시오. 저는 여기서 빠집니다.'

기술적 지표가 매도의 정량적 분석이라면. '여기서 익절하면 만족할까, 후회할까?'라는 물음과 답을 구하는 행위는 매도의 정성적 분석이라고 말할 수 있다.

주식을 하다 보면, 돈이 사이버머니로 보일 때가 많다. 평가액은 내 돈이 아니다. 팔아서 내 계좌에 들어와야 비로소 돈이다. 사이버머니는 우스워 보인다. 그러나 실생활은 그렇지 않다. 만 원짜리, 5만 원짜리 1장이 얼마나 소중한가. 돈은 내 손, 내 통장에 들어와야 진짜 내 돈이다. 품 안에 1억 원이 실현하지 못한 가상의 5억 원보다 훨씬 값지다. 10억 원을 벌어도 내가 만족하는 삶은 천국이요, 20억 원을 벌어도 내가 만족하지 못하는 삶은 지옥이다. 마지막으로 매도는 흔히들 아트, 예술이라고 표현한다. 나는 매도가 아트를 넘어 삶의 철학에 관한 문제라고 생각한다.

손절도 매도다

익절도 어려울진대 하물며, 손절은 어떨 것인가! 손실을 인정하고 확정해야 하는 손절은 매도 중 가장 어렵다. 어쨌든 손절도 매도다. 투자자들은 이 세계에서 모두 승자가 되기를 원한다. 승리의 깃발을 치켜든 개선장군이 되어 의기양양한 삶을 살고 싶어 한다. 패자가 된다는 건 상상만으로도 끔찍한 일이다. 그러나 전장이든 시장이든 승자만 존재할 순 없다. 승자 뒤엔 늘 눈물 흘리는 패자가 있게 마련이다.

주식에 물려 있다는 건 아직 손실 확정 전이니까, 그래도 기회가 있다는 의미가 된다. 그러나 손절을 확정 짓는 순간, 스스로 패배자라는 낙인을 찍는 것 같아서 누구나 손절을 피하고 싶은 것이다. 주식고수들의 이야기뿐 아니라, 필자의 경험을 보더라도 주식시장에서 오래 살아남으려면 진짜 손절을 잘 해야 한다. 주지하다시피 매도는 크게 익절과 손절로 나뉘는데, 주식시장에서는 손절의 달인들이 살아남는다. 옛말에도 '가장 강한 놈은 힘센 놈이나 똑똑한 놈도 아닌 살아남는 놈'이라고 했다. 매번, 항상 이기는 투자자는 없다. 다시 말하지만 이 세계에서 살아남으려면 첫째도 둘째도 손절을 잘해야 한다. 여담이지만 필자는 기본적으로 확률 차이가 좀 있을 뿐, 카지노 게임판과 주식세계의 본질이 같다고 본다. 카지노 게임에서 돈을 따는 원칙은 크게 두 가지다.

1. 손실은 적게, 수익은 크게
2. 수익이 나면 멈추고 일어서라

주식에서 수익을 내는 원칙도 똑같다. 10번 투자해서 6번 정도 수익을 낸다면 나름 고수라고 생각한다. 다만, 주식에서 정말 중요한 건 높은 승률, 즉 10판 중 9판을 이기든 지든 상관없이 이길 때 크게 이기고 피할 수 없는 패배에서는 손실을 최대한 낮추어야 한다. 투자의 전설, 조지 소로스는 이런 말을 남겼다.

"It's not whether you're right or wrong, but how much money you make when you're right and how much you lose when you're wrong."(맞추고 틀리고가 중요한 게 아니라, 맞췄을 때 얼마를 벌고 틀렸을 때 얼마를 잃었는지가 더 중요하다.)

주식투자의 핵심이 이거다. 벌 때 크게 벌고, 얻어터질 땐 적게 잃는 것! 필자도 손실이 날 때 그 규모를 최소화하기 위한 여러 가지 손절의 원칙을 세워두었다. 그리고 잘 지키는 편이다. 그러나 어떤 이유로든 이 원칙을 가끔씩 어길 때가 있다. 그리고 그 결과는 크게 두 가지로 나타나더라. 대박이거나 쪽박!

초보 투자자 시절부터 기계적으로 손절 기준을 3%라고 정했다. 물론 지금도 그 기준을 지키고자 노력한다. 또는 잃어도 좋을 금액의 한도를 정하기도 한다. 하지만 우리는 누구나 감정을 지닌 사람이다. 따라서 머리로는 던져야 할 때라고 알려주지만, 쉽사리 손이 안 나가는 경우가 종종 있다.

- 주가가 떨어진다.
- 물을 타야 하는 상황이다.

위의 상황에서 나는 주가를 보는 대신 마음에 더 집중하는 편이다. 조용히 마음을 들여다보면, 거의 대부분 답이 나와 있다. 이게 아닌데 싶지만 어쩔 수 없이 물을 타야 하거나, 한 주라도 더 사고 싶었는데 가격이 빠졌다고 보이는 상황 둘 중 하나다. 마음속에서 왠지 찜찜하고 주저한다면 늦었더라도 그냥 손절하고 훗날을 도모한다. 그러나 더 사고 싶다는 생각이 들면 나의 마시노선(손절 기준액)이 얼마인지, 내가 어디까지 감당할 수 있을지 확인한다. 그리고 가격이 원하는 지점에 올 때까지 버티기에 들어간다. 물론 버티다가도 아니라는 판단,

스윙트레이더 성현우의 주식투자 리부트

1,000만 원을 벌고, 500만 원을 잃었으면 500만 원을 번걸까, 500만 원을 잃은 걸까? 주식쟁이들은 늘 자신의 재산을 과거가 아닌 지금 이 순간을 기준으로 판단하는 것 같다. 내가 얻은 건 당연한 일이고, 잃은 건 억울하게 생각하는 경향인 듯하다. 물론 나 역시 이와 다르지 않다. 내가 과거에 500만 원을 잃고도 최근 1,000만 원을 벌었다면 결국 500만 원을 번 결과지만, 스스로 불행하다고 생각한다. 물론 자신에게 엄격한 것이 좋기는 해도 때로는 자신에게 관대할 필요도 있다. 손절했다고 스스로를 너무 자책하거나 비하해서는 안 된다.

사실, 주식투자 시 가장 조심해야 하는 순간이 있다. 익절 직후, 그리고 큰 손절 직후다. 왜냐하면, 두 가지 결정 이후에 엉뚱한 짓을 할 확률이 높다. 익절 후에는 자만심이 가득해져 엉뚱한 짓을 할 확률이 높고, 큰 손절 후에는 그걸 메우고자 엄한 짓을 시도하기도 한다. 익절이든 손절이든, 큰돈을 벌거나 잃었다면 잠시 쉬어가는 것도 좋을 것 같다. 내가 어디에서 왔고, 어디로 가고 있는지. 자신의 주식 인생에서 현재의 위치가 어디이며, 어디를 향해 가고 싶은지를 묻고 답해보자. 과한 몰입에서 벗어나 주위를 환기시키는 것도 주식투자에 큰 도움이 된다.

감이 오면 단칼에 자른다.

우리가 주식을 하면서 하나 더 명심해야 할 게 있다. 만약 손실이 50%라면 이를 복구하기까지 플러스 100%의 수익을 내야 한다는 점이다. 만약 10만 원짜리 주식을 샀는데 50% 손실이 나면 원금이 5만 원으로 쪼그라든다. '아! 50% 얻어맞았네!'라고 생각하겠지만 그걸

복구하려면 100%의 수익이 필요하다. 주식을 해보았다면 알 것이다. 한 달 평균 10%의 수익을 내는 일도 쉽지 않다는 것을…

　내가 여기서 끊으면 후회할까, 후회하지 않을까? 여기서 팔았는데, 주가가 반등해 오르더라도 후회하지 않을까? 스스로에게 질문해보자. 주식을 하는 많은 분들이 가격, 세력, 환경, 나스닥지수 등 바깥 세상에 관심을 기울인다. 그러나 정작 주식에서 중요한 건 투자자의 마음이 아닐까 싶다. 질 때는 확실히 졌다고 인정하고, 실패의 원인을 찾아 두 번 다시 그런 실패를 반복하지 말아야 한다. 같은 실수를 반복하는 것도 일종의 습관이다. 그런 습관을 잘라내야 성공의 확률이 높아진다.

5억 손절의 기억

제 아무리 주식 고수라도, 슬럼프가 찾아오게 마련이다. 필자는 시장에서 너도나도, 심지어 주린이들조차 돈을 벌었다는 2020년에 슬럼프가 찾아왔다. 그동안 내가 큰 수익을 거둔 장은 2017년 말부터 이어진 하락 장세였다. 남들이 미처 생각지 못한 시간과 종목에서 수익을 내곤 했는데, 누구나 돈을 버는 장이 찾아오니 적잖게 당황했다. 아마도 어떤 투자자들은 2020년의 장이 과열되어 정상이 아니라는 느낌을 받고 인버스, 곱버스에 베팅했다가 손해를 본 분들이 꽤 있을 것으로 안다.

코스피지수가 1,400포인트까지 밀렸다가 2,300포인트를 넘어설 무렵 다들 돈 좀 벌었다고 자랑하고 다니는데, 나는 속으로 이게 뭔가 싶었다. 그리 오랜 시간은 아니어도 시장을 4년 이상 매일매일 지켜봤지만 그런 불장은 처음이었다. 마침 2021년 봄이 되면 살고 있던 경기도에서 서울로 이사까지 가야 하는 상황이었다. 눈만 뜨고 일어나면 천정부지로 치솟는 서울의 집값이 계속 마음의 부담으로 자리 잡았다. 집값이 너무 비싸니까 매매든 전세든 간에 최대한 돈을 벌어 둬야 한다는 심리적 압박, 하루라도 빨리 부자가 돼야 한다는 초조함이 매매를 망쳤던 것 같다. 그런 마음으로 매매를 하니, 자꾸 무리수와 악수만 반복했다.

그러다 나는 2,000~2,300포인트 지점에서 엄청난 베팅을 결심했다. 잠시 반등을 준 후 이내 또다시 큰 위기가 올 거라고 생각한 것이다. 지수가 다시 떨어지면 시장에 공포가 올 거라고 믿었다. 그래서 나는 파생상품 중 하나인 공포지수, 즉 VIX 지수[9]에 전 재산을 투자하고 시장이 무너지기만을 기다렸다. 일이 꼬이고 안 풀리려고 했는지, VIX 매수 전날 새벽에 잠에서 깨어 무심코 TV를 켰는데, 예전에 본 영화 〈빅쇼트〉[10]가 상영되고 있었다. 영화를 보면서 내가 마치 한국의 마이클 베리라도 된 것처럼 빙의되어 의기양양해졌고, VIX를 거액으로 매수했다. 처음 이틀은 1억 원 이상 수익을 주길래 '거봐 내가 맞잖아! 시장이 너무 과열됐다고! 다시 위기가 온다니까!' 하며 거만을 떨었다. 하지만 딱 거기까지였다. 그 후 나스닥과 종합주가지수가 미친 듯 상승하기 시작하는데, 타이밍을 한 번 놓치며 우물쭈물하다가 순

---

9 시카고옵션거래소(CBOE)에서 거래되는 S&P 500 지수 옵션의 변동성을 나타내는 지표다. 증시지수와 반대로 움직여 공포지수라고도 부른다.
10 고객을 속여 돈 잔치를 벌이는 은행, 그런 상황을 잘 아는 4명의 천재가 월스트리트를 물 먹이는 영화다. 영화 속의 판돈은 무려 20조 원!

식간에 마이너스 1억 원으로, 그리고 곧 2억 원으로, 며칠 후에는 3억 원의 손실이 났다. 그러다 급기야 계좌엔 마이너스 5억 원이 찍혔다. 단기간에 5억 원을 물리는 일생일대의 실수를 저질렀다.

마이너스 5억 원이 난 계좌를 보며 손절을 할지 말지 고민했다. 주식으로 5억 원을 벌기까지 정말 힘들었는데, 피 같은 돈이 한 달 만에 날아갔으니 허망하기 짝이 없었다. 시장이 과열인데 거기서 더 오르니 조정을 기다릴 것인가, 아니면 손절할 것인가의 기로에서 한참 고민하다 내린 결론은 '혹시 여기서 미국시장이 더 상승하고 내 주식 원금이 10억 원 아래로 떨어지면, 주식으로 재기할 수 없겠구나!'라는 판단이 섰다. 봄에 서울로 이사를 가더라도 내집 마련은 물 건너간 이야기고, 전세나 월세 보증금으로 목돈이 들어가야 하는 상황이었다. 처절한 실패였다. 고통스러웠다. 그러나 결국 나의 투자 판단 아니었던가. 내 잘못이니 고통스럽더라도 결과를 담담히 받아들여야 했다. 나의 그런 민낯을 인정하며 거금 5억 원을 손절했다.

5억 원 손절 후 집으로 돌아온 날, 여느 때처럼 현관까지 마중을 나와 '아빠, 안녕히 다녀오셨어요!' 인사하며 안기는 딸… 나는 어린 딸을 안고 심리적으로 무너지고 말았다. 그리고 몰래 눈물을 삼켰다. '그게 어떤 돈인데… 아빠가 미안하다. 너무 미안하다 우리 딸.' 영문도 모르는 딸은 해맑게 웃고 있었다. 조심스럽지만, 5년을 투자하면서 나름 투자의 근육이 생겼고 지금은 하루에 몇 억을 벌든, 잃든 크게 흔들리지 않는 수준은 된 듯하다. 그러나 돌이켜보면 5억을 잃고 돌아온 그날은 평생 기억에서 지워질 것 같지 않다. 그동안 열심히 달려온 노력이 물거품이 된 현실은 쉽게 인정할 수 없게 마련이다. 나의 노력이 무너지던 날, 가족과 마주하자 애써 버텨오던 마음이 순식간에 와르르 무너졌다.

　이후 5억 원을 손절하고 나온 VIX 상품은 어떻게 됐을까? 석 달 후 VIX 상품은 필자가 손절한 금액의 1/6 토막이 나버렸다. 만약 그때 내가 마이너스 5억 원에 집착해 버티다 손절하지 않았더라면, 그간 주식으로 번 돈 모두를 잃게 되어 재기가 불가능했을 것이다. 지금 생각해도 아찔하다. 이처럼 주식을 한 이후 기억에 남는 날들이 참 많다. 돈을 번 날보다 얻어터지고 집에 돌아와 가족과 마주한 순간들이 더욱 강렬한 기억으로 남는다. 내가 끝내 감정적으로 무너진 순간들은, 2017년 말 코오롱생명과학에 투자하다가 하루 20%짜리 음봉을 맞고, 하루 억 단위 마이너스 장대음봉을 태어나 처음으로 맞고 집으로 돌아온 날, 그리고 방금 말한 2020년 VIX 파생상품에 투자하고 5억 원을 손절한 날이다. 사랑스러운 딸의 얼굴을 보면서 돌맹이처럼 단단한 줄 알았던 감정이 눈물 젖은 화선지처럼 흐물흐물 찢겨져 버렸다.

시장이 아플 때를 조심하라
레드 플레그 사인(RED FLAG SIGN)

주식을 하면서 투자자가 너무 많은 변수를 고민하면, 정작 본질을 놓치기 쉽다. 물론 개별주식도 외부환경에 노출되어 있기 때문에, 정세나 경제가 너무 불안정하면 주의를 기울이는 것이 맞다. 그러나 개별종목에 투자하면서 맞출 수도 없는 미국의 주간 실업률과 다음 분기 미국 연방정부의 테이퍼링(Tapering)[11] 날짜, 방향성을 고민하기 시작하면 주식투자가 너무 복잡해진다. 필자는 미국 다우, 나스닥 지수의 등락과 거시적인 경제 흐름을 날씨 정도로만 생각하고, 대신에 개별종목의 성장성에 더 집중하는 편이다. 물론, 태풍이 올 것 같다면 조심해야 하지만, 비가 온다고 출근을 안 할 수는 없지 않은가.

---

11 미 연방준비제도(FED)가 경기부양을 위해 시장에 풀었던 통화의 규모를 점차 축소한다는 뜻. 원래 이 말은 운동선수들이 중요한 시합을 앞두고 자신의 훈련량을 조금씩 줄여가는 과정을 의미했다.

진료실에서 복통으로 환자가 왔는데, 점점 강도가 심해지는 복통, 열, 잠에서 깰 정도의 통증 등의 증세가 나타나면 의사들은 긴장한다. 이를 복통의 빨간 깃발(RED FLAG SIGN)이라고 하는데, 간혹 복통을 가장한 맹장염 등 수술이나 응급을 요하는 질환에서 나타난다. 필자는 되도록 모든 변수를 통제하려고 하지는 않는다. 다만, 늘 현금 0%, 주식 100%였지만, 시장에서 다음과 같은 RED FLAG SIGN이 나타나면 긴장한다.

첫 번째는 환율이다. 환율이 오르면 긴장한다. 머리를 싸매고 미국 시장을 분석하며 '시장이 무너지네, 마네' 세상 고민 혼자서 다 하던 시절이 내게도 있었다. 그리고 주변에서 그런 분들을 많이도 봤다. 본인 가족의 경제를 걱정해야 하는데, 나라 경제의 미래와 미국경제의 기초체력을 걱정하는 분들. 필자는 내 인생 고민하기도 바빠서 그런 거 잘 모른다. 다만, 환율은 꼭 챙겨본다. 그 이유는 환율은 프로들의 무대다. 정말 큰돈을 움직이는 세력들은 환으로 돈을 번다. 환이 크게 움직인다는 건 그들이 움직인다는 뜻이다. 내가 굳이 세상을 분석하지 않더라도, 그들이 분석하고 움직인 방향을 따라가면 당장 내일의 변화는 몰라도 급등, 급락에 의해 어떤 방향으로 갈지 방향성 정도는 알 수 있다. 원달러 환율이 급등하면, 혹시 코스피와 코스닥이 흔들리는지 유심히 지켜본다. 그리고 혹시 나올 급락에 대비한다. 이럴 때 주식이 있다면 주의한다

두 번째는, 필자가 선정한 일명 '카나리아 종목들'이 있다. 주로 코스닥시장에서 세력들이 컨트롤하는 시총 낮은 잡주들이다. 탄광에 카

나리아가 울다가 조용해지면 산소 부족, 이산화탄소 중독으로 사고가 찾아온다. 그런데 왜 잡주들을 관심종목에 올려놓고 투자할 것도 아니면서 가끔씩 들여다볼까? 이런 주식을 조정하는 세력이나 주포들은 주포들 중에서도 비교적 영세한 세력들이 많다. 필자가 선정한 잡주, 즉 카나리아 관심종목들이 갑자기 상승하고 장대양봉을 쏘아올릴 타이밍이 아닌데, 생뚱맞게 주가가 치솟으면 필자는 긴장한다. 왜냐하면 곧 시장이 폭락할 수 있기 때문이다. 세력도 개인과 똑같다. 그들도 가족이 있고, 그들은 돈을 벌기 위해 개미를 골탕먹이며 등에 비수를 꽂는다. 그런 그들이 앞으로 일주일 후 시장이 크게 흔들리겠다는 단서를 포착했다고 해보자. 개미들은 그냥 하루에 팔면 끝이지만, 세력들은 가지고 있는 돈과 해당 주식 수량이 많아, 시장이 빠지면 더욱 난감해진다. 그러면 어떻게 할까? 일주일 후 장이 흔들릴 이슈가 있고 그걸 그들이 먼저 알았다면, 일단 자기 혼자 살자고 컨트롤하던 주식을 인위적으로 띄운 후 개미에게 수량을 최대한 넘긴다. 호재 뉴스가 터지고 주식이 올라가니, 개미들은 '드디어 출발하는구나!' 흥분해서 올라탄다. 사실 세력의 속셈은 시장에 폭락이 오기 전 개미에게 최대한 수량을 넘기고, 시장이 흔들려 폭락이 나오면 밑바닥에서 다시 싸게 잡겠다는 심산이다.

대형주에서도 이런 모습이 나타난다. 대형주는 지켜보는 눈이 많아 크게 티가 안 나게 작업하지만, 잡주들에서는 이런 모습이 대놓고 나온다. 카나리아가 조용해지면 탄광에 적막이 찾아오고, 잡주들이 여기저기 다른 섹터에서 이유 없이 호재를 뿌려대면서 장대양봉이 나오면 곧 폭락이 다가온다.

세 번째는 코스피에서 하락이 나오면 어떻게 밀렸는지 살펴본다. 등락은 늘 있지만 아침부터 오후까지 지속적으로 밀리거나 급락이 나오고, 반등이 나올 자리에서 반등이 나오지 못한 채 무기력한 모습을 보이면 긴장한다.

폭락은 위에서 언급한 세 가지 정도가 필자가 생각하는 RED FLAG SIGN들이다. 환율, 잡주의 움직임 정도만 잘 살펴도 쓰나미가 몰려오는지 캐치할 수 있다. 그리고 RED FLAG SIGN이 떴다면, 공격보다 수비에 중점을 두든지, 그게 싫다면 일부 물량을 정리함으로써 혹시 모를 쓰나미에 대비해야 한다.

6장 _____

승부를 완성해주는
자기관리

비록 실패했더라도 자신을 의심하진 마라

진검승부가 끊임없이 펼쳐지고 반복되는 곳이 주식시장이다. 그리고 이곳에선 때때로 나 자신에 대한 의심이 피어오르기도 한다. '이게 맞나? 이 길이 맞나?' 손실이 나더라도 때로는 손실을 확정하더라도 주식은 의심해도, 자기 자신을 의심하지는 말자. 그런 투자결정을 내린 자신이 밉고 또 속이 상해도, 주식이 떨어져 비록 손절했더라도 최선을 다했다면 된 거다. 자기 자신을 의심하지 말자. 내가 나를 안 믿으면, 세상 누구도 나를 믿어주지 않는다. 종목이 못 미더우면 팔면 그만이다. 그러나 자신을 의심하기 시작하면, 인생의 근간이 흔들릴 수도 있다. 매매기법이 중요하지 않다. 왜 주식을 하고 주식을 하면서 어떤 사람이 될 것인지, 돈을 번다면 가족을 위해 무엇을 할지, 그리고 궁극적으로 왜 돈을 벌어야 하는지 등의 투자 철학과 굳은 의지가 먼저다. 기법은 그때그때 상황에 따라 변한다. 그러나 철학과 자기 자신에 대한 믿음은 굳건해야 한다. 넘어지면 다시 시작하면 된다.

누구도 탓하지 마라
적은 내 안에 있다

사람들은 자신이 보고 싶은 대로만 세상을 보려는 경향이 있다. 이런 경향은 주식시장에서도 마찬가지다. 동일한 시장 상황에서 어떤 이는 공포라 느끼고, 어떤 이는 희망이라고 느낀다. 둘 다 맞는 말이다. 시장을 부정적인 시선으로만 보려는 사람들도 많다. 그들은 공매도가 투자를 방해하고, 외국인 때문에 투자를 못할 지경이며, 연기금 때문에 내 주식이 안 오른다고들 하소연한다. 과연 그럴까? 필자 생각엔 오를 주식은 결국 오른다. 다만, 시간의 문제일 뿐이다.

그토록 전도유망한 회사라면 공매도 세력은 왜 공매도를 치는 걸까? 물론 규정을 어겨가며 공매도를 한다면 그건 다른 얘기다. 내가 투자하는 주식에 대량의 공매도가 들어오면, 나는 겁을 먹기보다는 어느 타점에 공매도 세력이 마이너스가 나기 시작하면서 갚아야 하는지를 유심히 살핀다. 2021년부터 개미들도 일정 부분 공매도를 할 수 있도록 법이 바뀌었지만, 필자가 막상 교육을 받고 공매도를 직접 해보려니, 개미가 실제로 공매도를 칠 수 있는 수량이 거의 없다. 어쨌든 몇몇 기업에 공매도를 잠시 해보면서 느낀 점이 있다. 공매도를 쳤으면 결국 언젠가는 갚거나 또는 호재가 나오면 그 공매도를 갚아야 하기에 급하게 주식을 주워담는 일명 숏커버링이 나올 수 있다는 사실이다. 그래서 공매도를 친 거에 겁먹기보다 어떤 조건에서 공매도 세력이 숏커버링에 들어올지를 잘 생각해본다. 누구나 자기가 보고 싶은 대로, 읽고 싶은 대로 시장을 본다. 그러나 돈의 논리는 냉정하다. 사상도 이념도 뛰어넘어, 그저 돈이 되면 그리로 흐를 뿐이다.

시장의 룰이 그렇다면 그 룰 안에서 수익 낼 방법을 고민하면 된다. 주식투자는 사고가 유연해야 한다. 물론 나 역시 태생적으로 갖고 있는 고정관념에 사로잡혀 투자기회를 놓치고 후회하기도 한다. 내가 가진 정치적·사회적 고정관념을 무너뜨리고 투자함으로써 수익이 날 경우, 그런 수익은 나 스스로 세워둔 벽을 하나 허문 것 같아 똑같은 돈을 벌더라도 더 값지게 느껴진다. 주식투자자라면 편향된 시각이 투자에 방해가 될 수 있다. 자신만의 생각으로 시장을 판단하려는 아집에 사로잡히기 쉽다. 따라서 좀 더 중립적이고 정제된 시선으로 시장을 바라봐야 기회의 폭이 넓어진다고 생각한다.

우리 아버지 세대에는 부자를 바라보는 시선이 달갑잖았다. 심지어 '부자는 곧 나쁜 놈'이라는 등식도 있었다. 어떤 부자를 보고는 잘 알지도 못하면서 도둑질을 했거나 부정한 방법을 이용해 부자가 됐을 거라고 애써 폄하했다. 나 역시 알게 모르게 부자는 나쁜 사람이라는 고정관념을 갖고 있었다. 그런데 미국에서 대학 때 만난 한국의 부잣집 자제들 중에는 돈이 그렇게 많음에도 티내지 않고 노력하는 친구들도 많았다. '세상에, 저 친구는 부잣집 도련님인데도 공부까지 열심히 하네! 대박!' 솔직히 고백하자면, 우리 집이 정말 부잣집이었다면, 공부를 그렇게 열심히 했을 것 같지는 않다. 인간은 누구나 누울 자리를 보고 눕는다고, 자신이 처한 환경에 순응하며 살아간다.

나는 부자들을 욕하기보다 그들처럼 되고 싶었다. 몇몇 대학 친구는 좋은 차를 타고 다니는데, 나의 이동 수단은 자전거였다. 자전거 패달을 열심히 밟으며 부모를 원망하는 대신 나도 언젠가 그들의 부모들처럼 부자가 되겠다고 다짐했다. 내 어린 시절과 달리 적어도 내 아이들은 나를 밟고 그들처럼 될 수 있도록, 내가 아이들의 디딤돌이 될 생각이었다. 부자가 되고 싶다면, 부자를 동경해야 한다. 부자를 경멸하면서 부자가 되겠다는 건 모순이다. 돈도 그것을 잘 안다. 앙드레 할아버지도 말하지 않았나. 돈을 뜨겁게 사랑하고 차갑게 다루라고…

나는 진료를 통해 돈이 조금이라도 모이면 그 돈을 차곡차곡 모아 입금했다가 점심시간을 이용해 내가 투자한 종목 한두 주라도 더 사려고 애썼다. 이미 몇 만 주나 모았는데, 한두 주 더 사는 게 무슨 의미일까 생각하시겠지만, 그 한두 주가 모이고 쌓여 훗날 필자를 부자로 만들어줄 서라고 믿었다. 그래서 지금도 나의 은행잔고는 10만 원을 넘지 않는다. 퇴직연금 관계자는 '뭔 의사가 단돈 10만 원이 없어 매달 퇴직연금 자동이체가 구멍이 나나?' 하고 짜증이 나셨을 수도 있다. 구차한 변명을 하자면, 나에겐 10만 원도 큰돈이다. 돈이 모일 때마다 주식을 매수하다 보니 은행 잔고가 늘 부족한 것이다. 참 희한한 일은 10만 원짜리 주식을 살 땐 잔고가 늘 9만 원이었고, 30만 원짜리 주식에 투자할 땐 잔고가 항상 29만 원이었다. 카드값 결제일이 다가왔는데 주식을 안 팔고 버티다 막상 당일에 출금이 안 되어, 유안타 수원 PB센터 김영상 과장님께 '과장님 출금이 안 돼요! 예수금 좀 확인해주세요.' SOS를 친 적이 한두 번이 아니었다. 이젠 경제적 여유가 좀 생겼으니 궁상떨지 않아도 될 텐데, 아직도 잔고는 거의 바닥에 가깝다. 얼마 전, 은행잔고가 50만 원이나 있는 걸 확인하고는 깜짝 놀랐다. '내가 이 돈으로 주식을 안 사다니?' 스스로도 놀라 이렇게 말했다. '어쩐 일이야? 이 돈이 아직 남아 있다니…'

절제의 미학

주식은 누구도 알려주지 않는 욕망과 절제를 다루는 학문이다. 그래서 어렵다. 학교에서는 학문을 배울 수 있지만, 욕망과 절제는 배울수 없다. 오히려 욕망을 죄악시한다. 어떤 사람이 어떤 주식 종목을사는지를 보면 거짓말 조금 보태어 그의 인생이 보인다. 사람의 성격이나 삶에 대한 태도를 어렴풋이 짐작할 수 있다.

나의 주식투자를 망하길 바라거나 낭떠러지로 밀어내는 사람은 없다. 만약 내가 어떤 투자에 실패했다면, 실패 원인은 나에게 있다. 스스로 무너졌기 때문이다. 특히 자신을 절제하지 못하는 사람은 주식세계에서 살아남기 힘들다. 욕망이 클수록 절제력도 강해져야 한다. 절제력이 부족하면서 이기려는 마음만 강하면, 경직되고 무리하다 무너지기 쉽다. 주식투자는 끊임없이 나와 마주하며 단련하는 수행의 길이다.

주식을 하면서 가장 위험한 순간은 두 가지라고 생각한다. 첫째, '이건 확실히 대박이야! 반드시 오른다!'라고 생각하는 순간이다. '반드시, 확실히' 그런 순간이 정말 위험하다. 오히려 대박의 순간은 '반드시, 확실히'라는 느낌보다 '왠지'라는 느낌으로 찾아올 때가 더 많다. '왠지'라는 말 속에는 여유의 공간, 숨 쉴 틈이 있다. 그러나 '반드시, 확실히'에는 그런 여유 공간이 없다. 조금 여유를 갖고 진행할 때 더 좋은 결과를 가져다주는 일들이 세상엔 많다. 둘째, 실패했을 때 너무 무리해서 한 번에 만회하려고 하면 대부분 사단이 난다. 잃은 돈을 차근차근 메우려 하지 않고, 하루짜리 단 한 번의 매매로 만회, 역전하고자 덤비면 꼭 문제가 생긴다.

주식을 하는 사람은 실생활에서도 절제가 필요하다. 나는 술이나 담배를 끊은 지 오래되었다. 담배는 7년 전에 끊었다. 집에서는 맥주 한 캔도 입에 잘 안 댄다. 장 초반의 미국시장도 모니터링하고 주식에 도움이 될 뉴스도 검색해야 하기에 컨디션 유지가 중요하다고 여긴다. 그래서 가급적 술은 입에 안 댄다. 어쩌다 맥주 한 캔 정도다. 1년에 몇 번 만나는 친구들과의 자리에서 먹는 술이 전부다.

그리고 주식이 잘 풀려 큰돈 만지는 시절만을 기준으로 삼지 말자. 잘 나갈 땐 세상 모든 게 우습다. 잘 나가는 게 당연하고 생활 수준이 높아졌는데, 주식에 슬럼프가 찾아오면 자신을 자책하고 비난하는 마음이 들기 쉽다. 한편, 주식계좌에 찍힌 숫자는 돈이 아니라 숫자일 뿐임을 기억하자. 하루에도 몇 프로씩 오르내리는 사이버머니에 불과하다. 그 숫자만 보고 배부르다는 착각에 빠지기 쉽지만, 현찰로 손에 쥘 수 있어야 진정한 돈이 된다. 이와 관련하여 웃지 못 할 에피소드가 있다. 몇 년 전, 큰 수익이 나서 큰 맘 먹고 멋진 차를 계약했다. 그러나 바로 살 수 없어 몇 개월 기다려야 하는 상황이었다. 정작 몇 달 후 차를 인수할 시점에서는 주식이 엄청 박살이 나 맘고생을 해야 했다. 우여곡절 끝에 대기 순서를 뒤로 미루었다가 몇 달 더 지난 다음에 차량을 인도받을 수 있었다. 매달 나가는 돈이 커지고 씀씀이가 많아질수록, 이 생활을 유지해야 한다는 심리적 압박감이 몰려들었다. 이런 부담을 떨쳐내기까지 오랜 시간이 걸린 것 같다. 실현하지 않은 주식 수익은 착각을 불러일으킬 수 있다. 깔고 앉아 팔지도 못하는 부동산 한 채 가격이 몇 십 억일지라도 그걸로 부자가 된 건 아니다.

한편, 주식투자자는 자본주의의 수도승이다. 너무 좋아하거나, 공포에 질려 있거나, 너무 치우치거나, 모자라지 않게 감정을 유지해야

<그림 16> 올바른 개미투자자의 감정상태[12]

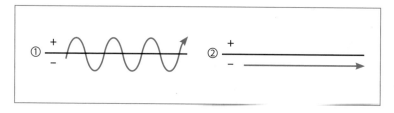

---

12   ①번은 일반 개미들의 마음상태다. ②번은 올바른 주식투자자의 마음상태다. 평정심을 유지하고 있다. 플러스(+)는 조증, 마이너스(−)는 울증 상태다. 주식투자자는 아주 살짝 시니컬한 상태로 평정심을 유지하며 시장을 바라보는 것이 유리하다.

한다. 흔들리는 시장 속에서 중심을 잡고서 도를 쌓는 사람이 주식투자자라고 생각한다.

현명한 주식투자자는 시장의 등락에 일희일비하지 않는다. 오른다고 너무 기뻐하지도, 내린다고 너무 슬퍼하지도 않는다. 살짝 시니컬한 감정 상태가 투자에 어울리는 것 같다.

기다림(feat. 넷마블)

2020년 초반부터 약 6개월 간 넷마블에 투자했었다. 오랜 시간 등락을 반복하는 주식에 개미들이 하나 둘씩, 지쳐갔다. 나 역시 무려 6개월을 투자하다 1억 원 남짓 수익을 보고는 지쳐서 던지고 말았다. 그런데 이게 웬일! 거짓말처럼 내가 던지고 난 다음 날부터 급등하기 시작했다. 그리고 한 달 만에 10만 원이던 주가가 두 배까지 올랐다.

'저걸 가지고 있었으면 돈이 얼마야…'

시쳇말로 멘붕이 왔다. 그 감정을 회복하는 네 오랜 시간이 걸렸다. 엎친 데 덮친 격으로 내가 판 주식은 뜨고, 새로 산 종목은 꼴아박는 중이었다. 많은 투자자들이 동의할 것이다. 차라리 물리면 포기가 되고 마음도 편한데, 6개월을 고생하다가 팔아치운 주식이 2배를 넘어 3배까지 오르면 그처럼 괴로울 수가 없다. 계속 들고 있었으면 큰돈이 됐을 텐데… 부자가 됐을 텐데… 하며 자기 원망이 멈출 줄 모른다. 잡은 물고기보다 놓친 물고기가 더 아깝고 아쉽고 아련하다. 그러나 이런 일도 많이 겪어봐야 한 명의 투자자로서 성숙해진다고 생각한다. 수없는 시행착오와 실패가 성공한 한 명의 투자자를 만들어준다. 실패한 매매, 아쉬움이 남는 매매에서 무엇을 잘못했는지 복기하고 같은 실수를 반복하지 않는 게 중요하다. 실수도 반복하면 습관이 되니 무섭다.

필자는 넷마블에서 겪은 아쉬움, 실패의 경험이 약이 되었다. 만약 넷마블에서 실수하지 않았더라면, SK바이오사이언스에서 큰 수익을 내지 못하고 나자빠졌을 것이다. SK바이오사이언스의 주가가 16만 원 저가에서 30만 원대 고가까지 가는 동안 장중 하루 9%의 변동성이 여러 차례 있었다. 이렇게 흔들려도 단 한 주도 안 팔고 버텼다. 필자가 존버할 수 있었던 원동력은 넷마블의 실수를 토대로, 두 번 다시 같은 실수를 하지 않겠다고 다짐하고 공부한 덕분이었다. 비 온 뒤에 땅이 굳고, 실수 뒤엔 기회가 온다. 그 기회는 실수를 인정하고 공부한 사람에게만 찾아온다. 나는 넷마블 투자의 아쉬움을 서둘러 만회하고자 욕심을 부렸고, 결국 VIX 파생상품에 투자했다가 얻어터지기도 했다. 그렇게 힘든 시기를 보내다가 우연히 《주역》에서 본 구절이 있다.

수유부광형정길리섭대천(需有孚光亨貞吉 利涉大川)

봄비가 내리길 기다린다. 꽃이 피기를 기다린다.

동네북처럼 넷마블에서 터지고, 파생상품으로 박살이 나 힘든 시기에 《주역》을 읽으며 나를 치유했다. 꽃은 봄이 오지 않음을 조급해하지 않는다. 우리의 삶도 주식도 결국 기다림이 필요하다. 주식을 사고 내일 당장 수익이 안 나면 조바심이 나서 마음이 힘들다. 주식 초보 시절엔 누구나 그럴 수 있다. 샀는데 당장 오르면 고수라도 된 듯 의기양양하다. 샀는데 다음날 내리면 패자라도 된 듯 조용해진다. 그러나 필자가 5년 동안 전 재산을 걸고 주식세계에서 수많은 시세를 겪으며 느낀 바가 있다. 주식은 단거리가 아닌 마라톤 경주라는 점이다. 일희일비하는 마음으로 어쩌다 한 번 운이 맞아 작은 수익은 낼 수 있어도, 결코 지속적으로 큰 수익을 낼 수는 없다. 조급한 마음의 돈은 조급하게 움직이고, 여유로운 돈은 여유롭게 움직인다. 그것이 돈의 속성, 주식의 속성이다. 믿음과 확신이 있는 기다림은 두려움이 없다. 그러나 일희일비하면 시장과 시세의 파도에 휩쓸리고, 용기를 내야 할 때 두려워하며, 두려워해야 할 때 추격매수나 물을 타는 과오를 범하게 만든다.

⏻ 스윙트레이더 성현우의 **주식투자 리부트**

주식을 매수하고 떨어질까 봐 생기는 두려움은 실력 부족 탓이다. 자기 실력에 확신이 없으면 마음에 두려움이라는 씨앗이 뿌려진다. 따라서 주식투자자는 마음을 정갈히 다듬고 실력을 갈고 닦아야 한다. 하루 올라 계좌가 빨갛다고 어깨 힘주고 다닐 이유도, 하루 내려 계좌가 파랗다고 의기소침할 이유도 없다. 스스로를 갈고 닦으며 기다리면 반드시 기회가 온다.

그러면 어떻게 기다려야 할까? 무엇보다 조바심을 억누를 줄 알아야 한다. 빨리 부자가 되어야 한다는 생각은 조급한 매매, 욕심 가득한 매매로 이어진다. 필자 역시 돈에 쫓겨 투자해본 경험이 있다. 계절이 두 번 바뀌면 바로 이사를 가야 하는데, 이사 갈 집 보증금을 온전히 주식투자로 벌고 싶어 욕심이 들어갔다. 이런 조급증은 당연히 매매를 꼬이도록 만들었다.

감과 분별의 구분

    주식을 공부하는 사람들 중에는 기법에 집착하는 분들이 많다. 절대 깨지지 않는 기법과 매매법을 개발하려는 사람들도 많은 것 같다. 그러나 완벽한 기법이나 매매법은 없다. 그런 공식이 정말 존재한다면 세계 금융시장을 정복할 수 있었을 텐데 말이다. 주식에는 정말 수많은 기법이 존재한다. 그런 기법을 공부하고 습득하면 투자에 분명 도움이 되지만, 역설적으로 기법과 매매법에서 자유로워져야 한다고 생각한다. 기법이란 어떤 특정 조건 아래에서는 성립을 해도, 인풋(Input) 데이터와 주변 환경 세팅이 바뀌면 성립하지 않는다. 시장은 매일 열리고, 시시각각 변하는 곳이다.

    초보 때는 기법을 열심히 공부하고, 원리도 이해하면 좋다. 하지만 어느 정도 공부가 되었다면 이를 버려야 한다고 생각한다. 주식투자는 내가 공부한 기법이나 매매법보다 남들에게 설명하기 힘든 감으로 투자결정을 내리는 경우가 더 많다. 사람들이 어떤 의사결정을 내릴 때 의식하는 부분은 5%, 나머지 95%는 무의식의 세계에서 온다는 이야기가 있다. 우리가 책을 읽고 기법을 연구하며 차트를 분석하는 일련의 행동은 5% 의식의 영역을 훈련시키는 일이다. 그리고 감이란 그런 훈련과 지식이 쌓여 습관화되어 95%를 차지하는 무의식의 세계로 넘어갔을 때 생긴다고 생각한다. 주식 좀 하신다는 고수들은 '왜 그렇게 하셨어요?'라는 물음에 '그냥, 그래야 할 것 같아서요'라고 답하곤 한다. 남들이 모르는 엄청난 기법, 매매법, 공식, 법칙을 기대한 개미들은 실망한다. 그러나 그냥 우연히, 그래야 할 것 같아서 감으로 선택한 일들이 강력한 힘을 발휘해 인생을 바꾼다.

필자는 평소 좋은 감을 유지하고자 연습을 많이 하는 편이다. 출근하는 차 안에서는 최신곡을 들으며 '이 노래는 뜨겠다, 안 뜨겠다' 예측하는 일도 소소한 재미다. 그렇게 노래를 듣다가 곡이 좋다 싶으면 가수가 속한 회사를 검색해, 주가가 얼마인지 알아보기도 한다. 매매가 잘 되고 감이 좋을 땐 더 공격적인 베팅도 해보고, 왠지 감이 떨어져 원하는 결과가 안 나올 땐 가급적 신용융자를 자제하는 등 조심해서 투자한다. 1장 '주식투자 1만 시간의 법칙'에서 밝혔지만, 결국 수많은 시간이 쌓여 감이 발달하는 건데, 이 감이란 녀석을 독자 여러분에게 설명하자니 난감하고 어렵다.

다시 밝히지만 책의 집필 동기는 필자가 겪은 5년의 주식투자 기록을 공유함으로써, 과거 나와 같은 처지에 놓인 분들에게 희망의 끈이 되고자 함, 그 이하도 이상도 아니다. 그래서 필자가 경험했던 모든 일들, 주식 관련 정보와 에피소드를 최대한 진솔하게 많이 전달하려고 애쓰는 중이지만, 도대체 '감'을 어떻게 설명해야 좋을지 난관에 빠졌다. 오랜 시간 고민하다 내린 감과 분별에 대해 내린 정의는 이렇다.

- 감 : 해야 할 일을 하는 것
- 분별 : 하지 말아야 할 것을 안 하는 것

초등학생도 해야 할 일과 하지 말아야 할 일을 구분할 줄 안다. 그런데 주식시장에 있다 보면 이런 구분이 생각보다 어렵다. 급등주에 무리한 뇌동매매, 미수를 썼다가 맞는 반대매매, 하지 말라는 것들을 많이들 한다. 필자 역시 호가창에 사자 물량이 비 오듯 쏟아지고 강하게 튀어오르는 붉은 양봉을 보면, 아드레날린이 분비되며 평정심을 잃는다. '한번 크게 질러서 짧게 먹고 나올까?' 욕심도 일어난다. 이번엔 반대로 장대음봉을 맞고 속절없이 쓰러지는 주식을 지켜보다 반등이 나오면, 나도 모르게 '한번 사볼까?'라는 욕망이 스멀스멀 솟아난다. 그러다 마음 한 구석에서 '안 돼!'라고 외치는 분별이 튀어나와 욕심의 덫에 빠지려는 나를 간신히 구해낸다. 열 번 잘 해도 한 번 무너지면 모든 걸 잃는 게 주식세계다. 주식투자자는 가벼운 잽 정도는 허용해도 되지만, 모든 걸 걸고 가드를 내렸다가 급소에 카운터펀치를 허용해선 안 된다. 아닌 건, 아무리 합리화하려고 해도 아닌 거다.

주식으로 업을 쌓는다
카르마(Karma)

가끔씩 주식으로 '업'을 쌓는다는 생각을 해보기도 한다. '업'이란 산스크리트 어 까르마(Karma)에서 나온 말로 행위라는 뜻이다. 검색을 해보니 행위는 몸과 입, 그리고 생각으로 이루어지는데 이를 삼업(三業)이라고 한단다. 참고로 모든 업의 근원은 바로 생각이다. 불교뿐 아니라 대부분의 인도사상에서는 행위에 대해 이렇게 정의 내린다.

'행위란 그것에 대응하는 결과를 산출하는 힘을 가지는 것이다.'

우리가 어떤 행동을 했을 때, 이번 생이 아니라면 다음 생에서라도 꼭 그 결과나 나타난다는 말이 있다. 이른바, 인과응보(因果應報)다. 선한 의지를 갖고 행동하면 좋은 결과가, 반대로 악한 의지를 갖고 행동하면 나쁜 결과가 나온다는 명제는 주식세계에서도 한 치 벗어남이 없다. 필자는 그간의 뼈저린 경험을 통해 앞으론 절대 인버스나 VIX에는 투자하지 않으려고 한다. 카르마와 인, 그리고 연을 굳이 언급하지 않더라도 지금 나의 행동과 생각이 나의 미래에 어떤 결과로 영향을 미친다. '이번 생이 아니라면, 다음 생에라도' 이 얼마나 무서운 말인가! 업을 떠나 인버스나 VIX에 투자하면 왠지 나쁜 일이 일어나기만을 바라게 된다. 그런 나를 발견하고 깜짝 놀라기도 했다.

'북한이 미사일 좀 쏴줬으면, 어디 전쟁이나 테러가 일어나면 돈 좀 벌 텐데…'

세상이 지금보다 더 아름답고 이롭게 변해도 모자랄 판에 고작 돈을 좀 벌고 싶어 세상을 향해 저주를 퍼붓는 것 같아 부끄러운 생각이 들었다. 그래서 언제부턴가는 세상이 망해야 내가 돈을 버는 투자는 지양해왔다.

하루에 몇 명 찾지 않는 10평짜리 작은 병원을 운영 중이지만, 나는 주식으로 돈을 벌든 잃든 상관없이 매일 진료를 해왔다. 앞으로도 그럴 것이다. 필자는 10평짜리 내 병원보다 더 작은 병원을 여태 보지 못했다. 2021년 한 해에만 우리 병원 주변의 소아과 4곳이 폐업을 했다. 우리 역시 환자가 줄고, 코로나가 덮쳐 병원 직원도 2명에서 1명으로 줄여야 했다. 병원 운영이란 게 생각보다 원활하지 않다. 다만, 필자는 주식투자자이기 전에 의사이고 무엇보다 나의 직업이 확인업

(活人業), 즉 사람을 돕는 직업이란 것에 감사하다. 남을 도우며 돈을 버는 직업을 가진 것만으로도 이미 난 복을 받았다고 생각한다.

이상한 기업에 투자하면 인생도 이상해진다. 이성을 만나도 멋진 여자, 남자를 만나야 후회가 없다. 투자도 멋진 기업, 멋진 대표이사가 이끄는 회사를 만나야 뒤끝이 없다. 사기꾼 같은 CEO가 개미 등쳐먹을 궁리만 하는 회사에 투자를 하고는 '사기면 어때, 나만 돈 벌고 망하기 전에 나가면 장땡이지'라고 접근하면 우연히 한 번은 성공해도 결국 망한다.

필자 역시 초창기 시절 뭣도 모를 때에는 부화뇌동 했었다. '사기일 수도 있지만, 그 안에서 시세만 먹고 나가면 된다'는 생각으로 투자한 회사가 몇 있었다. 몇 년 지난 지금 그런 종목들은 모두 거래정지 신세다. 건전한 기업이 아닌, 사기가 판을 치는 회사에 들어가 시세만 노리고 빠지면 된다는 식의 투자는 화를 부른다. 이왕 투자할 거라면, 세상을 이롭게 하는 제품과 서비스를 만드는 기업, 과거에 경험하지 못한 새로움을 창조하는 기업, 그리고 내가 만약 사장이라면 한번쯤 경영해보고 싶은 생각이 드는 기업에 돈을 묻자. 말도 안 되는 헛된 희망만 부추기는 엉터리 회사에 돈을 넣으면 인생도 망가지기 쉽다.

그래서 필자는 어느 정도 주식 경험이 쌓인 후에는 거짓 정보로 사기나 치려는 회사가 화려한 장대양봉으로 유혹하고 손짓을 해도 절대 돈을 넣지 않는다. 그런 매매는 반드시 상처로 남는다. SK바이오사이언스를 선택해 큰 수익을 낼 수 있었지만, 이 기업을 선택한 이유도 만약 국산백신이 성공하면 많은 생명을 구할 수 있는 고귀한 일을 하는 기업이라고 생각했기 때문이다. 그래서 거금을 넣었다. 기쁨에 베팅할 수 있다면, 기쁨에 베팅해 돈을 버는 게 좋다. 사람들의 슬픔에 베팅하면, 언젠가 본인 눈에서도 눈물 흘릴 날이 올 것이다. 필자가 과거에 인버스에 베팅해서 얼마의 돈을 벌고 좋아하던 모습이 지금도 생생히 떠오른다. 투자에 옳고 그름은 없지만, 그래도 세상에 도움 되는 방향으로 투자해서 버는 돈, 그 길을 계속 선택하고 싶다.

비기너 럭키
초보자가 돈을 버는 이유

　처음 주식을 하면 모든 게 조심스럽고 신기하다. 사람들이 주식을 고르는 이유도 참 다양하다. 그냥 회사 이름이 예뻐 주식을 샀다는 분도 본 적 있다. 더 재미난 건 단순한 이유로 고른 주식에서 수익이 많이 났다고 좋아하는 분들이 꽤 있다. 정말 열심히 주식공부를 한 필자로선 허탈한 생각도 든다. 주식을 3개월 정도 하면, 일반적으로 우량주를 많이들 사시니, 장이 좋으면 주가도 올라 한껏 자신감이 높을 때다. '와! 이 쉬운 걸 왜 이제 만났을까. 한 달 꼬박 일하고 받는 월급이래야 뻔한데, 석 달 만에 이 돈을 벌다니 당장 회사를 그만둬도 되겠는걸!' 김 대리의 고민이 시작된다. 그리고 정말 본격적으로 공부도 해가며 주식에 입문한다. 종잣돈을 늘리고, 시중에 나온 주식 책, 재테크 도서를 섭렵한다.

몰랐던 주식 기법들을 하나 둘씩 익힌 김 대리는 점점 자신감이 충만해지고 늘린 투자금으로 공격적인 베팅도 시작한다. 그런데 이게 웬일! 그렇게 쉽게 나던 수익이 점점 마이너스로 변하기 시작한다. 강세장에 들어온 김 대리와 같은 개미들은 약세장을 처음 경험하면서 당황한다. 강세장에서는 주가가 내릴 때 물려 있어도 얼마 후 곧 본전을 회복하지만, 한 번 썰물처럼 주가가 내리기 시작하면, 고생길이 시작된다. 물을 타보지만, 그마저도 총알이 부족해서 이러지도 저러지도 못한다. 왜 이런 일이 반복될까?

가장 큰 이유는 강세장에서 약세장으로 바뀐 탓이다. 그리고 또 다른 이유는 주식초보 시절엔 순수한 마음으로 단순하게 투자하는 경우가 대부분이다. 그냥 좋아 보여서! 그게 전부다. 뭘 따지고 말고도 없다. 그런데 희한하게 그런 결정이 적중하는 경우가 생각보다 많다. 단순한 생각, 결정이 큰 힘을 발휘하는 것이다. 그러나 아는 게 많아지면 매매가 복잡해진다. 종목 선택의 경우, PER을 따지고, MACD 지표를 살펴보며, 골든크로스가 나야 한다느니 등의 조건이 머릿속에서 맴돈다. 주식공부를 열심히 하는 건 맞다. 그러나 공부를 많이 해도 매매는 단순해야 강력한 힘을 발휘한다.

필자도 주식공부 정말 열심히 했다. 그런데 요즘엔 주식공부도 공부지만 운에 관한 책, 주역, 인문학, 스타트업 관련 서적을 더 즐겨 읽는다. 주식에 관한 책은 이제 손이 잘 안 간다. 최근에 산 책이《평생 부자로 사는 주식투자》였고, 그것이 출판사와 인연이 되어 책도 내게 되었다. 아무튼 주식을 복잡하게 하자면 끝도 없다. 여러분의 연애도 마찬가지 아니었나. 조건을 끝도 없이 내세우면 만날 이성이 없다. 그런데 정작 마음에 드는 이성이 나타나면, 그냥 좋아서 만나는 거지 조건이고 뭐고 묻지도 따지지도 않는다. 그래서 주식은 연애이자, 짝사랑일 수도 있겠다.

주식은 관상학이다

다시 관상 이야기를 좀 해보겠다. 사람 보는 눈은 이런저런 사람을 만나 사랑도 해보고 싸움도 해보고 혹 나쁜 이성을 만나 영혼까지 쏙 털려봐야 누가 나쁜지 좋은지 구분하는 선구안(?)이 생긴다. 성질 더러운 사람, 성격 급한 사람, 인색한 사람 등 두루 만나봐야 내 이상형이 뭔지 알 수 있다. 주식도 그렇다. 잡주에 투자해서 물려도 보고, 우량주에 투자해 진득하게 기다려도 보고, 급등주를 따라갔다가 물려도 봐야 좋은 주식을 보는 안목이 생긴다.

그래서 우리는 주식을 살아 있는 생물체라고 표현한다. 속으로 어떻게 생겨먹은 놈인지, 싱벌이 무엇인지, 나름의 형상을 어렴풋이 그려놓고 투자한다. 생명은 심장으로 박동하고 생명을 유지하지만, 주식은 호가창으로 숨을 쉬고 차트로 움직이며 태동하며 살아간다. 인간의 얼굴을 보고 길흉화복을 짐작하는 일이 관상학이라면, 차트를 보고 기업의 길흉화복을 맞추는 일은 주식 관상학이라 부를 수도 있겠다. 인간은 심장이 멈추면 생이 끝난다. 주식은 장이 시작됐는데도 매매가 정지되고, 호가창이 움직이지 않으면 그걸로 상장폐지, 생명이 끝난다. 심전도 그래프가 심장의 전기 운동역학이라면, 차트는 그 주식의 돈의 운동역학이다. 그 주식의 상태를 알고 싶으면 차트로 확인하고, 맥박은 호가창의 활기를 통해 느낀다. 환자를 진료하는 일과 주식의 상태를 파악하는 일이 크게 다르지 않다고 생각한다. 의사는 여러 가지 현상과 증거를 모아, 그 증거를 통해 합리적 사고를 하고 진단명을 끌어내며 그에 걸맞은 치료를 한다. 주식투자가는 현재 시장에 나와 있는 다양한 정보와 예측, 현재 그 주식의 호가창과 차트의 상태를 보고 주식 상태를 파악한다. 그리고 이런 정보를 가지고 앞으로 왕이 될 상인지 스타가 될 상인지 파악한다. 영화 〈관상〉에서 수양대군은 이런 질문을 했다.

'어찌, 내가 왕이 될 상인가?'

어쩌면 주식은 주욱 나열된 정보를 갖고, 왕이 될 상을 고르는 일일 수도 있다. 〈관상〉의 주인공 관상쟁이 내경은 이렇게 말했다

'상은 때때로 변하는 것이다.'

맞는 말이다. 필자도 어떤 주식이 왕이 될 거란 믿음에 따라 선택을 하지만, 그 주식과 함께 하다보면 처음 예측과 달리 상이 변하기도 한다. 그래서 매도, 때론 손절도 하는 것이다. 우리가 상을 잘 보려면 결국 경험을 통해 데이터를 만들어가는 수밖에 없다. 일본의 전설적인 관상가 미즈노 남보쿠(水野南北)는 관상을 공부할 때 3년은 이발소에서 두상과 얼굴을, 3년은 목욕탕에서 사람의 빚은 모습을, 3년은 화장터에서 일하며 골격을 공부했다고 전해진다. 관상의 대가가 되는 일도 이리 힘들진대, 주식의 상을 보는 주식투자자의 길도 절대 쉬운 건 아니다.

수익의 10분의 1은 가족에게 써라

　미국에서 대학을 다니던 시절, 휴일이면 가끔씩 선배들의 차를 얻어 타고 뉴욕으로 유람을 갔었다. 그 곳에서 간혹 잠자리 신세를 지던 선배가 있었는데, 그중 월스트리트 주식트레이더와 애널리스트로 활동하시던 선배 몇 분이 떠오른다. 졸업 후 필자는 한국으로 돌아왔고, 한국에 와 전문의도 취득하고 결혼도 해서 얼마 지나지 않았을 때였다. 뉴욕의 애널리스트 선배 중 한 명과 식사할 기회가 있었다. 선배는 이런 말을 들려주셨다.

　'만약 주식으로 돈을 벌면, 수익의 10분의 1은 가족 또는 너 자신을 위해 쓰도록 해라!'

당시만 해도 나는 집을 사기 위해 한 푼도 쓰지 않고, 아껴가며 돈을 버는 족족 재투자를 했다. 주식계좌엔 10억 원이 넘는 돈이 있지만, 은행잔고는 늘 구멍이었다. 못 믿겠지만 생활도 빡빡했다. 선배의 말처럼 수익의 10%까진 아니더라도, 주식으로 수익이 좀 나면 아내 귀걸이도 사주고, 제법 큰 수익이 나면 계좌에서 돈을 인출해 아내와 옷가게에 가서 '갖고 싶은 거 맘대로 골라봐!' 허세도 부려봤다(물론, 할인판매를 하는 아웃렛이었다).

달갑지 않은 코로나로 필자의 병원 꾸려나가기도 여의치 않았지만, 경남 고향에서 수목원과 카페를 고생하시며 운영 중인 부모님을 돕기도 했다. 이 모두 행운이 따라 주식으로 수익을 낼 수 있었기에 가능한 일이었다. 이처럼 우리는 행복하려고 주식을 한다. 물론 부자가 되겠다는 큰 목표를 향해 열심히 달리고 채찍질도 하지만, 결국은 지금 행복해야 행복한 것이다. 그런 행복이 축적되어 행복한 삶이 완성된다. 행복은 뒤로 미룰수록 불행해진다. 여러분은 주식투자를 하면서 얼마나 행복한가? 만약 지금 주식투자를 하면서 수익이 났음에도 행복하지 않다면, 오히려 불행하다면, 필자의 선배가 추천해준 방법을 실천해보기 바란다. 내 가족의 행복을 위해 수익의 10분의 1을 사용하라!

몇 초마다 바뀌는 주식계좌의 숫자들, 빨갛게 표시된 수익들은 단순히 사이버머니로 남을 수도 있고, 우리 일상에서 소중한 가족의 생활을 바꾸고 삶을 풍족하게 해줌으로써 지금보다 한결 더 행복한 삶을 만들어줄 수도 있다. 필자가 수익의 10분의 1을 가족을 위해 소비하면서 느낀 점이 있다. 계좌 속 사이버머니가 더 이상 사이버머니가 아닌 가족을 더 행복하게 만드는 실질적인 돈이 라는 게 가슴에 확 와 닿더라. 오르고 내리는 숫자놀음에 갇히면 사이버머니로만 존재한다. 그러나 사이버머니의 가치를 가끔씩 실물로 사용하고 체험하면, 숫자처럼 움직이는 돈을 대하는 자세가 조금은 달라지더라.

슬럼프 극복하기

잘 풀리던 매매가 꼬인다. 그러다 손실이 점점 불어나면 손실을 메우려고 평소 안 하던 짓도 한다. 결국 나는 점점 더 위험에 노출되는데, 흔히 말하는 비셔스 사이클(Vicious cycle), 즉 악순환의 고리에 갇히고 만다. 슬럼프에 빠진 것이다. 인생에 바닥이 찾아오면 그 방법대로 살지 말라는 경고등이 켜진다. 이럴 땐 뭐라도 바꾸는 것이 이롭다. 그렇다고 직장이나 직종을 바꿀 순 없을 테니, 하다못해 여행이라도 떠나야 한다. 그것도 여의치 않으면, 점심시간을 이용해 산책을 하는 것도 좋다. 평소엔 하지 않았던 일들⋯ 가령, 버스나 지하철도 타보고, 새벽시장을 방문해 틀에 갇힌 나를 색다른 환경에 노출시켜야 한다. 남들이 어떤 얼굴, 어떤 모습으로 살아가는지 살펴보고 돌아보는 시간을 갖자는 이야기다.

사주에서는 대운이 10년마다 오고, 세운은 매년 바뀐다. 《주역》에서도 나아갈 때와 물러날 때가 있다고 말한다. 사주와 주역, 그리고 타로카드까지 맛보기로 공부하며 느낀 점, 핵심은 다 때가 있고, 그 때를 알아야 한다는 것이다.

현재 나의 운이 좋지 않은데, 주변에 장애가 많은데 돌격 앞으로만 외치고 전투에 나서면 백전백패다. 지금 상황이 안 좋고 시기가 아니라면, 또 형세가 불리하다면 잠시 물러나 전열을 가다듬고 시기를 기다리며 스스로를 갈고 닦아야 한다. 필자는 종교가 없지만, 예전부터 《성경》의 욥기 23장 10절의 이야기를 좋아했다.

'그러나 내가 가는 길을 그가 아시나니, 그가 나를 단련하신 후에는 내가 순금같이 되어 나오리라.'

부처님 가르침의 정수라고 일컬어지는 사성제에서도, 첫 번째 고성제(苦聖諦)는 인간에게 괴로움이 따른다고 했다. 투자도 마찬가지다. 투자는 괴로움이다. 그러나 인생에 단련이 필요하듯, 투자에도 단련이 필요하다. 그 단련은 존재하는 괴로움을 있는 그대로 인정하고 스스로 이겨내면서 시작된다. 개인적으로 2020년 하반기는 나에게 무척 힘든 시기였다. 끝이 안 보이는 터널 속으로 들어온 기분이었다. 당시 필자가 지긋지긋한 슬럼프를 극복하기 위해 했던 것들이 몇 가지 있다. 그 내용을 소개한다.

2021년 2월 초로 기억하는데, 진료를 하던 중 우연히 창밖을 보게 되었다. 창밖엔 벚꽃나무 가지들이 흐트러져 있었다. 그런데 창문이 너무 더러워 가지들이 뿌옇게 보였다. 곰곰이 생각해보니, 개원 후 몇 년이 지나도록 바깥 창문을 닦지 못했음을 알았다. 물론 병원이 2층이고 바깥엔 난간조차 없어 유리창 닦기를 안 한 게 아니라 포기하고 있던 참이었다. 그런데 눈에 보이는 뿌연 창문 밖 풍경이 마치 나의 미래처럼 느껴졌다. 3년 동안 한 번도 그런 생각을 해본 적이 없었기에 이상한 기분이 들었다. '안 되겠다, 이래서는 안 되겠다' 싶어 안팎으로 자석을 붙여 창문을 닦는 청소도구를 인터넷으로 주문하고, 물건이 도착하자마자 정성껏 창문을 닦았다. 창문 아래로 몇 년 묵은 구정물이 흘렀고, 곧 투명한 창문 밖으로 맑은 하늘과 나무가 드러났다. 나의 실수, 후회, 원망 등의 감정들이 함께 씻어나간 듯했다. 두 번째 변화는 머리색을 바꾸는 일이었다. 필자는 머리숱이 많고 까만 편이다. 아내에게 염색을 하고 싶다고 말했다. 남편이 바람이라도 났나, 왜 저러나 의아해하는 눈빛이었다. 아내의 동의를 얻어 미용실에서 밝은 와인색으로 염색을 했다. 바꿀 수 있는 모든 걸 바꾸고 싶었다. 4년간 차를 갖고 출퇴근하던 걸 바꾸어 대중교통을 이용하기 시작했다. 오랜 만에 타본 출퇴근길 버스, 샐러리맨들 사이에 앉아 있자니 운전하며 오갈 땐 볼 수 없었던 고속도로 창밖의 낯선 풍광들이 한눈에 가득 들어왔다. 과거에 내가 다니던 회사의 파란 명찰을 목에 건 젊은 직장인들을 보며, 그간 잊고 지낸 내 옛 모습이 떠올라 잠시 생각에도 잠겨보았다.

변화를 원하면, 그리고 변화가 필요하면 간절한 마음으로 무엇이든 사람들은 슬럼프를 극복하는 개운법이 거창한 거라고 생각한다. 그러나 큰 돈 들이지 않더라도 운을 바꾸는 방법은 여러 가지다. 흐트러진 책상을 정리하고, 집안의 묵은 때를 벗겨내고, 뿌연 창문을 닦는 일이나 누군가를 위한 요리 등등. 이런 행동은 마음에 켜켜이 쌓인 원망, 증오, 미움, 근심과 같은 부정적인 감정을 쓸어내도록 돕는다. 그리고 내일은 오늘보다 더 좋을 거라는 긍정적인 에너지를 채우려 노력하면 정말로 운이 바뀐다. 그것이 개운이다.

우리가 지금 하는 모든 행동은 과거의 산물이기도 하지만, 한편으로는 알게 모르게 미래에 영향을 미친다. 긍정을 품고 살면 긍정의 에너지가 나를 감싸고, 부정을 품고 산다면 부정의 기운이 찾아온다. 주변에 잘 되는 사람은 계속 잘 되고, 안 되는 사람은 뭘 해도 꼬이는 이유가 다 이런 까닭이다. 하는 일이 자꾸 꼬이면, 잠시 멈추고 점검을 해보자. 지금 내가 가는 방향이 맞는지 말이다.

바꾸어봐야 한다. 고인이 되신 이건희 회장은 '자식과 마누라 빼고 다 바꾸어라'고도 하지 않았나. 정말 내가 변하고 싶다면, 그 정도 각오를 갖고 실천해야 한다. 아내에게 맡겨두었던 집안 청소도 돕고, 신통치는 않아도 가족을 위해 요리도 해보았다. 마장동 정육점에 들러 한우를 사다가 장인, 장모님께 선물도 하고 직접 구워가며 맛난 식사도 했다. 결혼 후 7년 동안 집에 오면 늘 피곤하다는 말만 달고 살았고, 대부분 누워 지내던 남편이 갑자기 청소, 요리, 염색 등 안 하던 짓을 하니, 아내는 불안했는지 자꾸 왜 그러냐고 묻는다. 원하는 게 뭐냐고…

아무것도 하지 않으면,
아무것도 되지 않는다

직장인들 중 많은 분들이 '이게 맞나? 이렇게 사는 게 맞나?'라는 고민을 하실 것 같다. 내가 회사를 퇴직하기로 마음먹은 결정적인 이유는 우리 부장님을 보면서였다. 가장 일찍 출근해서 가장 늦게 퇴근하셨고, 일주일 세 번 회식 자리에서는 좌턴, 우턴 술 다 받아 드시고는 또 임원들 회식까지 가서서 술을 더 드시고 자기 PR도 하셨다. 그리고 다음날 가장 먼저 출근해 자리에 앉아계신 걸 보며 혀를 내둘렀다. 그렇게 조직에 충성해도 임원이 되는 건 하늘에 별 따기, 막상 임원이 되면 세상 모든 걸 가진 것 같아도 실상은 1년짜리 파리 목숨 계약직 신세다. 나는 그 세상에서 버틸 자신이 없었다. 그래서 나는 입사 1년 만에 사표를 냈다.

아버지는 50대 중반, 지금 생각해보면 젊은 나이에 명퇴를 하셨다.

퇴직하고 돌아오시던 날, 아버지는 '내가 조직을 위해 30년 평생을 바쳤는데, 만약 그 노력을 나에게 쏟았더라면 내 삶은 어떻게 달라졌을까?' 푸념을 하셨다. 필자가 어렴풋하게나마 전문직을 가져야겠다는 생각을 그때부터 조금씩 했던 것 같다.

여기서 잠시 부자 이야기를 좀 해보겠다. 세상에는 부자들이 참 많다. 부모가 부자가 아니라면, 그런데도 부자가 되고 싶다면 어떻게 해야 할까? 부자를 꿈꾼다면 뭐라도 해야 한다. 그리고 부자가 되기 위한 건덕지를 만들어야 한다. 부자가 되는 방법은 크게 두 가지다. 부자로 태어나든가 스스로 부자가 되든가. 부모가 부자가 아니라면, 방법은 하나로 좁혀진다. 내가 부자가 되어야 한다. 그렇다면 자신의 처한 환경에서 어떻게 부자가 될 수 있을지 고민하고 탐구해야 한다. 현재 직장에서 받는 월급으로는 부자가 될 수 없다고 판단이 섰다면, 너무 보잘것없다고 생각한다면 방법을 찾아야 한다. 현재 내가 하는 일의 최고 전문가가 되어 탑이 될 수 있는지, 그리고 탑이 되었을 때 부자가 될 확률이 있는지를 말이다.

나는 우여곡절 끝에 소아과를 개원하고 1년 정도 지나고서 깨달았다. 내가 진료로는 절대 탑이 될 수 없다는 걸 말이다. 그리고 나의 성격도 너무 솔직한 편이라 진료 시 내가 가장 많이 하는 말이 '괜찮으면 오지마세요'다. 어쩌면 병원이 망해가는 이유가 코로나 때문만은 아닐 수도 있겠다. 소아과를 운영하며 부자가 되려면, 3분 진료에 하루 100명을 상담해야 한다.

그러나 나는 그럴 실력도 자신도 없다. 병원을 식당과 비유해서 죄송하지만, 단가만 놓고 보자면 소아과는 의료계의 김밥집 또는 분식집이다. 비급여 진료가 많은 정형외과나 피부과, 성형외과는 고급 한우, 일식집쯤 된다. 단가 자체가 다르다. 김밥집, 분식집으로 돈을 벌려면 저렴한 값으로, 테이블 회전을 빨리하는 박리다매가 답이다. 그러나 진료로는 아무리 노력하고 승부를 걸어도 절대 부자가 될 수 없다. 그래서 나는 주식에서 부자가 되는 답을 찾기로 했다. 필자는 주식이 좋다. 급등하는 호가창을 바라보며 저 많은 돈과 물량이 어디서 나와 강력한 상승을 일으키는지, 그 힘에 매료되었다. 그 힘의 원천을 탐구할수록 주식투자가 흥미로웠다. 자신이 좋아하고 흥미로운 일을 하면서 돈도 벌 수 있다면 베스트라고 생각한다.

나는 주식을 선택했고 나름 결과도 좋았지만, 꼭 주식이 아니더라도 괜찮다고 본다. 여러분의 삶에서 좋아하는 일을 만들어 한 가지씩 꾸준히 해나가다 보면, 언젠가 기회가 올 거라고 믿는다. '꼭 그 일을 통해 돈을 벌겠어!'가 아닐지라도 좋아하는 취미, 어떤 일을 하며 즐기며 살다 보면, 그리고 그 세계의 일을 이해하고 정통하다면 돈 벌 기회가 찾아올 수도 있다. 젊은이들이 듣기 싫어하는 바닐라라떼 같은 말일 수도 있겠으나, 아무것도 하지 않으면 아무 일도 일어나지 않는다. 살면서 생각하지 않으면, 그냥 사는 대로 생각하게 된다.

세상에 잃어도 되는 돈은 없다

　돈을 잃기 위해 주식을 하는 사람은 단 한 명도 없다. 사람들이 주식을 매수할 땐 저마다 이유가 있겠지만, 공매도나 인버스 EFT가 아닌 이상 개미투자자 대부분은 주가가 오르는 방향으로 베팅을 한다. 문제는 오를 것으로 예측하고 주식을 샀는데, 반대 방향으로 갈 때다. 사실 10만 원이든, 100만 원이든 수익이 나 매도 시점을 고민하는 건 백 번 고민을 해도 행복하다. 주식이 마이너스가 나기 시작하면, 그때부터 진짜 고민이 시작된다. 그런데 필자가 주변의 투자자들로부터 받은 인상은 다들 손실을 외면하려고 한다는 점이다.

　손실은 고통스럽다. 그래서 인정하기 싫고 마주하기 힘들다. 내 실수를 인정하는 일도 자존심 상하는 일이다. 주식에 물린 사람들 중 대다수에게 '그래서 앞으로 어떻게 할 건데요?'라고 물으면 없는 셈 친다는 얘기가 대부분이다. 이유도 다양하다. 우량주니까, 없어도 되는 돈이니까, 없는 셈 쳐도 되는 돈이니까, 어차피 올라갈 거니까 등등. 주식은 돈도 중요하지만, 시간과의 싸움이다. 내 돈이 한 주식에 물리면, 다른 주식에 투자해서 돈 벌 기회도 함께 사라진다. 내가 잃은 100만 원이 100만 원이 아닐 수 있고, 주식에 물린 1,000만 원이 1,000만 원이 아닐 수 있다. 그러나 사람들은 자신의 실수를 바라보고 인정하는 대신, 외면하고 괜찮다며 자위한다. 세상에 없어도 되는 셈 쳐도 되는 돈은 없다. 돈에도 귀가 있는 법이다. 그런 대접을 받은 돈은 실제로 없어질 확률이 높다. 돈이 엄청나게 많고 여유로워서 그 정도쯤이야 없어도 있어도 그만인 분들, 몇 천 정도가 껌값인 분들은 논외로 하자.

나 역시 큰돈으로 주식을 하지만, 마이너스는 늘 아프고 고통스럽다. 고통은 좋은 알람 시스템이다. 통증을 못 느끼면 더 크게 다친다. 외면은 정신의 진통제이다. 그러나 진통제에도 작용 시간이 존재한다. 언젠가는 현실과 마주해야 한다. 나는 수익이든 마이너스든 늘 노동으로 환산한다. '얼마 마이너스가 났네'가 아니라, '이걸 벌려면 석 달 일해야 하는구나'라고 생각한다. 내 삶에서 석 달의 가치를 생각하고, 그렇다면 어떻게 할 것인지 고민한 후 결정을 내린다. 이처럼 돈을 다루는 가치관이 부자를 만들기도 한다. 몇 천을 없는 셈 치면, 정말 없어질 수 있고, 그렇게 없어지더라도 외면하고 있으면 아픈 줄도 모른다. 마이너스가 났을 때 자책하라는 말이 아니다. 적어도 현실을 외면하지 말라는 조언을 하고 싶다. 투자는 스스로에게, 그리고 가족에게도 떳떳해야 한다고 생각한다. 몇 년 전, 아이들 이름으로 계좌를 만들어 돈을 넣고, 국세청에 증여 신고를 한 후 주식을 사주었다. 아이들에게 주식을 사주면서 가능성이 안 보이는 주식을 살 수는 없지 않은가. 내가 살 주식에 아이들도 함께 투자한다고 생각하면 아무 종목이나 섣불리 투자할 수 없다.

그리고 때론 잘못된 선택으로 질 수는 있겠지만, 질 때 지더라도 멋있게 져야 한다고 생각한다. 외면하면서 지는 건 멋진 승부와 거리가 멀다. 실수를 인정하고, 똑똑히 바라보면서 다시는 실수를 반복하지 말아야 한다. 이미 진 승부라면 어떻게 해야 전화위복의 기회로 삼을지 고민할 줄 아는 투자자가 돼야 하겠다. 그런 분들에겐 반드시 좋은 날이 올 거라고 믿어 의심치 않는다.

수익에는 관대하고, 손실에는 엄격하라

해마다 연말이 다가오면 누가 올해의 베스트 펀드매니저에 선정됐다는 기사가 뜬다. 그런 분들의 수익이 얼마나 되는지 살펴봤더니, 1년에 10% 정도 수익이다. 그럼 많은 분들이 존경을 표하는 월가의 전설들은 수익률이 어떨까? 그들의 연평균 수익률은 20%가 채 안 된다. 주식을 업으로 삼고 엄청난 정보와 애널리스트, 거기에 리서치 센터까지 보유한 월가와 국내의 전문가들 수익률이 저 정도 수준이다. 누군가 연평균 20%의 수익률을 지속적으로 낼 수 있다면, 전설의 반열에 오른다.

유튜브 얘기를 좀 해보겠다. 유튜브는 속성상, 다소 자극적인 영상 썸네일과 콘셉트로 다가가야 조회수가 나오고 그래야 수익이 나는 구조다. 수십 만 구독자를 팬으로 유치한 채널들은 방송으로 수익을 낸다. 그런 채널에 출연해서 부자가 되었다는 분들의 이야기를 듣고 있자면, 재야의 고수 또는 대단한 분들이 정말 많다고 느낀다. 한편 '시장이 곧 폭락한다! 폭등한다!' 극단에 치달은 의견으로 시청자를 현혹하는 방송도 간혹 눈에 띈다. 폭락 또는 폭등을 과감히 예측하는 이유는 이렇다. 가령, 시장이 폭등하는 와중에 폭락을 예견해 맞추면 일약 스타가 될 수 있다. 월가에서도 폭락을 한 번 맞추어 스타덤에 오른 사람들이 많다. 시장이 올라가는 상황에서도 '아니면 말고' 식으로 폭락을 예견하고, 예상과 달리 폭락이 안 되더라도 '아니면 말고' 식으로 빠져나온다. 그런데 어쩌다 정말 폭락을 맞추면 하루아침에 스타가 될 수 있으니, 밑질 것 없는 장사다. 이를 '72의 법칙'[13]에 대입해보면, 위대한 투자자로 추앙 받는 피터 린치, 워런 버핏 같은 대가들의 1년 수익률이 20% 정도라면 72 나누기 20, 즉 3.6년 투자해야 원금의 2배가 된다.

만약 베스트 펀드매니저가 연 10%의 수익을 낸다면 7.2년마다 원금이 두 배로 늘어난다. 만약 매년 10% 이상 지속 가능한 수익을 내는 펀드매니저가 있다면, 큰손들은 너도 나도 그 펀드매니저에게 달려갈 것이다. 그러나 시장은 생각보다 녹녹하지 않다. 지속 가능한 수익을 내기란 정말 힘든 일이다. 필자의 경우 주식을 해온 5년간 운이 따라 엄청난 수익을 냈지만, 앞으로도 지금처럼 수익을 낼 수 있을지 잘 모르겠다. 예컨대 필자도 대한민국 전업투자자의 전설로 불리며

---

13 내가 투자한 금액(원금)에 이자가 붙어, 원금의 2배가 되기까지 걸리는 시간을 말한다.

30년이 넘도록 해마다 엄청난 수익률을 거두었다는 남석관 선생님처럼 오랫동안 시장에서 살아남을 수 있을지 잘 모르겠다. 나는 주식투자로 얼마의 돈을 벌었는지 금액에는 관심이 많았지만, 수익률 계산은 잘 안 하는 편이다. 원고를 쓰느라 대략 따져보니 필자의 매매 스타일이 어느 정도 완성된 최근 3년간은 1년에 5종목 정도 투자하면서, 누적으로 원금의 500% 정도 수익을 낸 같다. 거기에 필자는 겁도 없이 또는 용감하게(?) 신용까지 더해 레버리지를 극대화하는 전략을 썼다. 그 결과 부족한 자본으로 짧은 시간 안에 큰 자산을 일궈낼 수 있었다. 사실 필자는 주식투자로 한 달 20%, 그 이상의 수익은 덤이라고 생각한다. 월가의 전설 반열에 오른다는 20% 수익까지는 실력으로 볼 수도 있겠다. 하지만 그 이상은 그때그때 시장 상황이나 운이 받쳐줘야 한다고 본다. 솔직히 한 달 10%의 수익도 무척 감사한 일이다. 장이 정말 안 좋은 시기엔 수익은커녕 본전만 해도 감사하다.

필자는 기본적으로 이런 생각을 갖고 있다. 일종의 투자 철학이라고 할 수 있는데, 수익이 나면 스스로에게 관대하고, 손실이 나면 더욱 엄격하려고 한다. 일정 부분 이상의 수익은 덤으로 생각하지만, 손실은 되도록 타이트(Tight)하게 가져가려는 편이다. 돌이켜보면, 지난 5년간 1년에 5종목을 투자했고, 1년에 최소 한두 번은 손절한 것 같다. 2020년 VIX 상품에 투자했다가 큰 손실을 본 걸 제외하면, 나머지 종목에서 5% 이상의 손실이 난 적은 없나. 손실은 최대 5% 이하에서 막고, 수익은 한 번 낼 때 최소 10%에서 120%까지 길게 가져갔다. 대부분의 투자자는 수익이 나고 상승할 때 계속 분할로 처분하면서 물량을 줄이며 수익을 취한다. 그러나 나는 다른 방법을 썼다. 신용까지 끌어다 저가에 매수한 주식을 고가까지 한 주도 팔지 않고 기다렸다가 한 번에 모두 털고 나오는 전략이었다. 그 방법이 큰 수익을 내는 데 효과적이라고 생각했다. 이게 말은 쉽지만, 시장이 중간에 흔들리고 시세가 널을 뛰는데도 버티는 건 지금 생각해봐도 대단한 일이다. 그렇게 기다리다 고가라고 생각한 부근에서 전량 매도하는 일이 필자에게도 쉬운 일은 아니었다.

필자가 사용한 매매전략이 누구에게나 통할 수는 없다. 사람마다, 상황마다, 시장을 대응하는 능력에 따라 결가가 달리 나타날 것이다. 내가 이런 전략으로 돈을 벌었으니 추천한다는 이야기도 아니다. 다만, 주식의 본질과 기본을 말하고자 한다. 주식은 싸게 사서 비싸게 파는 것이 기본이다. 또 계좌관리의 기본은 수익은 크고 관대하게, 손실은 최소화해야 한다. 주식에서 수익은 어쩌면 운이다. 진짜 실력은 손실을 어떻게 다루는지를 통해 가름이 난다. 필자가 빠른 시간에 많은 돈을 벌수 있었던 핵심은, 세상 모든 사람들이 주식을 사면서 희망회로를 돌릴 때, 나는 반대로 먼저 이 주식에선 얼마까지 잃어도 좋다는 한도부터 정하고 마음의 준비를 한 덕분이다.

한 푼도 잃지 않고 주식을 하는 사람은 없다. 다만, 주식이든 고스톱이든 카지노 게임이든 승부의 세계에서 통용되는 법칙은 비슷하다.

실수를 한 번에 메우려 하지 마라

앞서 주식투자를 하면서 큰돈이 들고 나간 이후를 조심해야 한다고 말한 바 있었다. 여기서는 이와 관련한 이야기를 더 해보려 한다. 주식을 하다 보면 크게 잃기도 하고 큰 수익이 나기도 한다. 필자의 경험상 벌든 잃든 큰돈이 들고 나가면 정신이 없다. 큰 수익이 난 직후엔 자칫 너무 실력을 맹신하면서 더 큰 베팅, 무모한 시도를 해보고 싶은 욕심이 생긴다. 그러다 한 번에 와르르 무너질 수 있다는 경계심이 작아진다. 반대의 경우는 생각보다 큰돈을 잃었을 때다. 자책감이 몰려들고 조바심이 생긴다. 그리고 손실을 단번에 빠르게 메워야 한다는 심리가 자리를 차지한다. 필자 역시 그런 경험을 해보았고 주변의 투자자들 중 한 번의 매매로 실수를 만회하려다 완전히 망가진 분들도 보았다.

남부러울 것 없는 인생이, 한 번의 주식투자 실패로 망가지는 분들도 많다. 가령 큰 손실을 메우기 위해 급등주에 눈이 돌아간다. '저 주식에 들어가서 반나절 동안 상한가 한 번만 먹으면 손실을 다 메울 수 있어!'라는 생각이 들 수 있다. 또는 선물옵션에 반대 포지션으로 베팅해서 돈을 날렸는데, 본전을 메우려고 남의 돈까지 끌어다가 베팅했다가 망가지는 분들도 수없이 봐왔다. '충분히 이성적인 나는 절대 그럴 일 없어!'라고 생각할 수도 있다. 그러나 사람의 본성은 극한 상황에서 적나라하게 들어난다. 특히 큰돈이 들어가고 나가면, 그 사람의 숨겨진 본성이 드러난다. 그래서 늘 주식주자를 할 땐 돈을 잃든 벌든 자신의 마음과 심리가 어떤 상태인지 늘 점검해야 한다. 만약 내가 지금 평정심을 잃었다고 판단되면, 차라리 아무것도 하지 않는 게 더 나을 수도 있다. 모든 것을 멈추고 잠시 쉬는 것도 방법이다. 주식에서 돈을 빼면 돈 벌 일도 없지만, 당연히 잃을 일도 없다. 10년 주식 농사도 일이 꼬이려면 단번에 무너질 수도 있다. 남은 돈을 걸고, 한 번에 역전시켜야겠다는 마음이 일어날 때, 가족을 생각해야 한다. 인생도 주식도 홀짝이 아니다. 주식을 잘못 배워서 홀짝으로 아는 분들이 많은 듯하다. 그런 분들은 간혹 운 좋게 돈을 벌더라도, 결국 모두 잃게 되어 있다. 당신과 특히 가족의 운명을 함께 걸어놓고, 홀짝을 할 수는 없지 않은가.

실력이 좋았거나 운이 엄청 따라주어 갑자기 큰돈이 들어왔다면, 그 돈이 내 것이라고 인식하는 데까지 시간이 필요하다. 갑자기 들어온 돈에 '넌 이제부터 내 돈이야!' 꼬리표를 달아야 한다. 그래야 돈들도 '아! 내 주인이 이 분이구나!'라고 인식한다. 큰돈이 갑자기 생기면 감이 없다. 돈도 써본 사람, 관리해본 사람이 잘 쓰고 잘 관리한다. 감이 없는 상태에서는 절대 돈 관리가 되지 않는다. 따라서 지금부터 내 돈이라고 인식하고 친숙해질 시간이 필요하다. 만약 여러분이 주식으로 단기간에 큰 수익을 냈다면, 정말 축하할 일이다. 그런 여러분이 지금부터 해야 할 일이 있다. 그 돈의 일부를 꺼내 가족을 위한 새 집을 장만하거나 하다못해 타고 다닐 차라도 가족 이름으로 구매해보는 것이다. 과거 학창 시절 학용품을 사다가 견출지에 이름을 적어다 붙였던 것처럼 이름표를 달자는 이야기다.

계좌에 사이버머니로 존재하는 돈을 괜한 욕심을 부려 모두 잃으면 허망하기 이를 데 없다. 필자도 주식을 통해 큰돈을 벌게 되자, 마음속으로는 몇 년 더 주식을 하면 100억 원도 충분히 만들 자신이 있다는 욕심이 스멀스멀 피어올랐다. 그러나 주식투자를 하게 된 초심, 내 가족을 위한 집 한 채 마련하는 일부터 실천했다. 허망하게 사라질 수도 있는 것이 돈임을 깨닫고 욕심을 접은 채 집부터 장만한 것도 이런 맥락이다. 주식으로 돈 버는 건 너무 어렵다. 그런데 나가는 건 정말 한순간이다. 특히 레버리지를 쓴 투자에서는, 여차 하는 순간 마이너스가 나면 정신을 못 차린다. 일례로 2021년 3월, 천하에 날고 기는 월가의 펀드매니저 빌 황이 CFD 거래를 하면서 10배 레버리지를 쓰다가, 자신이 투자했던 중국 관련 주식이 무너져 반대매매가 나가는 바람에 총액 수십 조 원에 달하는 금액이 날아갔다는 기사를 봤다. 그 여파로 크레디트 스위스와 노무라 증권이 피해를 입어 해당 기업의 주가가 휘청거리기도 했다.

주식에서 욕심을 부리자면 끝이 없다. 욕심이 욕심을 불러온다. 지금 투자하는 주체가 나인지, 나의 욕심인지 뒤돌아볼 필요가 있다.

자신을 의심하지 마라

필자는 서울 발산초등학교와 공항중학교를 졸업한 후 화곡고등학교 1학년 때 미국 동부 기숙사 학교로 유학을 갔다. 해외에서 살아본 적도, 영어를 할 줄도 몰랐다. 등교 첫 날, 숙제를 받아왔는데 막상 숙제를 하려 해도 할 수 없었다. 선생님의 영어를 못 알아들어 숙제 범위도 제대로 못 적는 바람에 숙제가 뭔지도 몰랐다. 엄마랑 헤어지면서도 안 울었던 내가 그날 책상 위에서 난생 처음 막막함과 두려운 감정이 몰려와 엉엉 울었다.

삼성을 1년 정도 다니다 3월에 사표를 내고 4개월 후 의전원 입시를 준비했다. 생물과 화학을 공부해야 하는데, 경제학과 출신인 나는 그런 공부가 처음이라 막막하고 답답했다. 에라 모르겠다, 다 외워버리자, 하고 책을 달달 외웠다. 학원비랑 생활비가 모자라 회사 다닐 때 만든 주택청약저축을 해지해서 생활비로 보탰다. 서울 교대역 편입학원 근처 작은 독서실 53번 책상 한 칸을 달세로 빌려, 하루 잠자고 밥 먹는 시간만 빼고는 공부만 했다. 생일날 점심에 혼자 밥을 먹으러 나갔다가, '그래도 생일인데 좋은 거 먹어야겠다' 싶어서 항상 먹던 샌드위치나 김밥집 분식들 대신, 교대 근처 일식집에서 20대 후반인 내 생일을 자축하기 위한 2만 원짜리 점심 정식을 시켜 꾸역꾸역 먹었다. 친구들은 다 잘나가는데, 나는 멀쩡한 회사에 사표 내고 지금 뭐하는 짓인가란 생각에 목이 메어 식당에서 창피하게 울어버렸다. 지금 돌아보면 추억의 한 장면이 되었지만, 그 시절엔 참 막막했다. 그럼에도 불구하고 나는 언제나 나를 믿었다. 적어도 쉽게 물러나지는 않을 거라고… 시험에 떨어지든 붙든 한번 해보자고… 생물학과 출신이 1년을 꼬박 준비해도 떨어지는 시험을, 경제학과 출신이 넉달 공부하고 가겠노라 주변에 말했으니 다들 정신 나간 짓이라고 말했다. 가능성이 희박한 게 현실이었지만, 나는 자신을 단 한순간도 의심하지 않았다.

진검승부가 끊임없이 펼쳐지고 반복되는 곳이 주식시장이다. 그리고 이곳에선 때때로 나 자신에 대한 의심이 피어오르기도 한다. '이게 맞나? 이 길이 맞나?' 손실이 나더라도 때로는 손실을 확정하더라도 주식은 의심해도, 자기 자신을 의심하지는 말자. 그런 투자결정을 내린 자신이 밉고 또 속이 상해도, 주식이 떨어져 비록 손절했더라도 최선을 다했다면 된 거다. 자기 자신을 의심하지 말자. 내가 나를 안 믿으면, 세상 누구도 나를 믿어주지 않는다. 종목이 못 미더우면 팔면 그만이다. 그러나 자신을 의심하기 시작하면, 인생의 근간이 흔들릴 수도 있다. 매매기법이 중요하지 않다. 왜 주식을 하고 주식을 하면서 어떤 사람이 될 것인지, 돈을 번다면 가족을 위해 무엇을 할지, 그리고 궁극적으로 왜 돈을 벌어야 하는지 등의 투자 철학과 굳은 의지가 먼저다. 기법은 그때그때 상황에 따라 변한다. 그러나 철학과 자기 자신에 대한 믿음은 굳건해야 한다. 넘어지면 다시 시작하면 된다.

필자도 몇 억씩 손해를 보기도 했다. 그럴 때마다 '처음엔 마이너스 3억 원 자산에, 종잣돈 1,000만 원으로 시작했잖아. 그때에 비하면 부자잖아. 까짓 거 다시 해보지 뭐!'라고 마음을 다진다. 사람들은 주식에서 바닥을 찾아 헤맨다. 나는 주식 바닥보다, 내 인생의 바닥에 더 관심이 많다. 오늘이 내 인생의 바닥이라면, 내일은 오늘보다 좀 더 나아질 거라고 주문을 외우며, 5년간 열심히 투자했다. 만약 지금 바닥을 걷고 있더라도, 자신을 향한 믿음을 거두지 말자. 비록 지금 이 순간, 삶이 보잘것없는 듯 느껴져도 나 자신과 내 앞에 펼쳐질 미래를 의심하지 말자.

주식도 인생도 흐름을 타라

주식을 한 지 3년째였나? 15억 원을 만드는 데 3년 정도 걸린 것 같다. 정말 금방이라도 세상을 다 가질 수 있을 것 같았다. 그러나 이상하게 20억 원 구간을 넘어서려면 넘어지고, 넘어서려면 또 넘어졌다. 20억 원까지 만들었다가 최악일 때는 잔고가 8억 원까지 내려간 적도 있다. 최고점 20억 원까지 찍었다가 무려 12억 원이 까인 계좌를 보면서 나 자신을 원망하고 자책했다.

'이쯤에서 멈추고 주식을 관둬야 하나? 남은 돈마저 모두 날리면 어쩌지?'

심각하게 고민도 했다. 돌이켜보니 내가 처음 생각한 서울에 내집 마련이란 목표가 가까워질수록 자꾸 조바심이 났다. '여기서 조금만, 조금만 더…'라는 조바심이 매매를 망치고 있었다.

2020년 여름이 지나고, 위험지수 VIX 상품에 투자했다가 박살이 난 계좌를 가지고 다시 시작했다. 호텔신라, 신세계인터내셔날에 각각 한 달 정도 투자해 수익을 냄으로써 계좌를 다시 본전으로 만들었다. 그리고 2021년 봄 휠라홀딩스 한 달 3억 수익, 이후 코오롱인더스트리 한 달 4억 수익 등 승승장구했다. 마치 롤러코스터를 타고 내렸다 오르는 기분이었다. 무엇이 달려졌는지 살펴봤다. '집을 사겠다, 돈을 벌겠다'라는 목표, 조바심을 버리고 종목 하나하나에 집중하기로 마음가짐을 바꾼 게 전부였다. 다시 골프 경기로 비유를 하자면, 프로들의 경기를 봐도 보기나 더블이 난 이후 무너지는 선수가 있는 반면, 더블 이후 파를 지루하게 이어가다, 버디를 잡으면서 정체되었던 흐름을 한순간에 상승기류로 바꿀 줄 아는 선수도 있다. 주식이 슬럼프에 빠지면 큰 욕심을 부리지 말고, 짧게라도 수익을 내면서 잃는 기운을 없애면서 승리의 기운, 상승흐름이 오면 올라타야 한다. 보기를 파로 막고, 이후에 버디를 기록해 우승을 향해 달려가듯, 손절을 했다면 그 다음 매매는 얼마가 되었든 수익을 내면서 나쁜 흐름을 끊어야 한다.

가장 위험한 순간이 손절한 금액을 한 번에 만회하겠다는 마음이다. 두 번째로 위험한 건 연속으로 큰돈을 벌고 난 직후나. 자칫 자만심이 넘쳐 감당할 수 있는 금액 이상을 베팅하는 결정을 내릴 수 있어서다. 무리수(無理手)라는 말이 있다. '너무 과욕을 부려 도리나 이치에 어긋나는 수'라는 바둑용어다. 바둑이라곤 어릴 때 기원에서 두 달 인가 배운 게 전부지만, 주식을 하면서도 무리수를 두지 않겠다는 다 짐이 늘 필요하다. 주식이든 골프든 바둑이든 간에 경기에서 이기고 지는 일은 종이 한 장 차이다. 결국은 경기 흐름을 내 것으로 끌어올 줄 알아야 한다.

기다려라, 멋진 파도는 다시 온다

  사람과의 만남도 그렇고 주식과의 만남도 다 때가 있는 것 같다. 내가 아무리 간절히 원해도 때가 아직 이르거나 그 때가 아니라면, 이루어지지 않는다. 그런 경험을 할 때마다 야속했다. 필자가 아무리 간절하게 원하고 바라도, 다 이루어지지는 않더라. 최선을 다했더라도 다 이루어지는 것도 아니다. 길면 길고 짧으면 짧은 지난 5년 동안 주식으로 비교적 많은 경험을 한 것 같다. 오르고 내리고, 울고 웃고를 해보니 '나의 한계가 여기까지인가?'라는 생각이 들어 야속했던 때가 한두 번이 아니다. 그러나 포기하지 않고, 넘어져도 다시 일어나 도전하다 보니 행운의 여신이 나에게도 미소를 허락한 것 같다. 처음 생각한 것 이상의 목표를 이루었으니 말이다.

  필자의 간절함이 이런 결과를 만들어주었을까? 아니다. 너무 간절하면 때때로 일을 그르치기도 한다. 더 많은 돈을 벌겠다고 간절히 바라며 주식을 해봤더니 이상하게 자꾸 문턱에서 고꾸라졌다. 간절함만큼은 대한민국에서 최고였다고 말해도 과언이 아닐 것 같다. 조금만 더 하면 되는데, 이상하게 자꾸 문턱에서 무너졌다.

서울에 월세로 이사 온 이후에는, 집값이 너무 올라 사실 내집 마련을 자포자기했다. 그래서 마음을 바꾸었다. '그래, 그냥 2+2년 총 4년은 일단 세입자로 있을 수 있다. 가족들이 지금보다 더 넓은 평수의 월세 또는 전세로 이사 갈 정도는 되니까 그것으로 행복하다.' 집을 사겠다는 목표를 버렸다. '그래, 집이 너무 비싸잖아. 내가 뭘 잘못한 것도 아니잖아. 열심히 살고 있잖아. 전세든 월세든 아무렴 어때, 집 사야겠다고 너무 나를 괴롭히지 말자.' 하며 마음을 내려놨다. 얼마를 벌어야 한다는 구체적인 목표 대신 그저 한 종목, 한 종목에 집중했다. 그런데 마법 같은 일이 일어났다.

차근차근 잃었던 손실을 모두 메우더니, 높은 성벽처럼 느껴졌던 벽을 모두 깨고 오르는 것이 아닌가! 사실 마음을 놓아버렸기에 넘어가보지 못한 벽에 반드시 오르겠다는 생각이나 목표도 없는 차였다. 일어날 일은 결국 일어나고, 때가 되면 이루어지는 걸까? 원고를 쓰는 지금도 나의 현실이 믿기지 않는다. 간혹 얼마의 자산을 이루는 게 목표냐고 묻는 친구들이 있다. 자산 100억 원, 또는 200억 원을 만드는 게 아니다. 단지 나의 목표는 앞으로 20년, 30년 후에도 이 시장에서 살아남는 것이다. 그리고 지금보다 좀 더 성숙한 투자자가 되고 싶다. 필자가 보기엔 나는 아직 멀었다.

적은 돈으로 주식을 시작한 분들이라면, 계좌를 보면서 어느 세월에 돈을 벌지 한숨이 나올 수도 있다. 나 역시 처음엔 그랬다. 1,000만 원을 1년 투자해 마이너스 6%를 만들었을 때, '이렇게 해서 언제 집을 사나? 가능한 일이긴 한 걸까?' 하며 실망하고 좌절도 했다. 그래도 확실한 건 공부를 통해서든, 자신만의 매매법을 개발하든, 필자와 같은 투자자의 조언을 듣고서든, 주식이 여러분의 꿈을 현실로 바꾸어줄 수 있는 기회가 된다는 점이다. 내가 여기서 버티고 기회를 잡아 소기의 성과를 이룬 것처럼, 여러분도 충분히 해낼 수 있다.

주식을 해보면, 내가 팔면 폭등하고, 거꾸로 내가 사면 폭망하는 순간이 끊임없이 반복된다. 그러나 기회를 놓쳤다면, 내 것이 아니었나 보다, 지금은 때가 아닌가보다, 그렇게 생각하고 자신을 책망하지 말자. 주식투자자는 파도를 타는 서퍼와도 닮았다. 서퍼는 자신이 타고 넘어갈 파도를 고른다. 가끔 좋은 파도가 보이면, 몸을 일으켜 파도를

 스윙트레이더 성현우의 **주식투자 리부트**

장이 안 좋고 하락-횡보가 반복되어도 오르는 주식은 늘 있다. 주식은, 특히 개미투자자에게 있어 파도타기 같다고 생각한다. 거대한 파도가 몰려오면 자칫 파도에 휩쓸릴 수도 있다. 그러나 노련한 투자가는 어떤 파도를 언제, 어떻게 타야 무사히 안정적으로 수익으로 연결할지를 숱한 시행착오로 깨달은 본능으로 안다. 그래서 주식투자에서는 경험이 중요한 것이다. 그런 경험이 쌓이면 알게 모르게 현명한 투자 판단을 내리는 데 도움이 된다.

타기 시작한다. 지금 내가 탄 파도가 생각보다 좋은 파도가 아니었다면, 더 넓은 바다로 나가 기다리며 다른 파도를 기다리면 된다. 기다리면 또다시 좋은 파도가 오게 마련이다. 바다가 존재하는 한 파도는 사라지지 않는다.

　주식시장도 그렇다. 이 시장이 열려 있는 동안에는 늘 기회가 있다. 잃었다고 조급하게 덤비지 말자. 어쩌다 들어간 주식에 물려 얻어터지고 넘어져도, 수업료 낸 셈 치고 다시 일어나자. 다만 다음에는 같은 실수를 반복하지 말아야 한다. '이번이 마지막이야'라는 절박한 생각도 승부를 망칠 수 있다. 물론 마지막이 될 수도 있지만, 그래도 후회 없이 한판 해보자라는 생각이 오히려 성공을 불러온다. 그렇게 한 걸음씩 한 종목, 한 종목 경험하다 보면, 여러분에게도 기회가 찾아갈 것이다. 기회가 찾아갈 땐 운도 함께 따라갈 확률이 높다! 모쪼록 투자자 여러분의 성투를 기원한다.

"

실패해도 나를 아무도 돕는 이는 없다.
스스로 노력해 운명을 개척하는 것 말고는
살아남을 길이 없다.
그래서 나는 1분, 1초 동안 온 힘을 쏟아
진검승부를 계속했다.

"

– 고레카와 긴조

당신은 주식에 대해 진심이십니까?

가끔씩 나는 주식을 대하는 나 자신에게 묻는다. '나는 주식에 대해 진심인가?' 대답은 명료하다. '그렇다!' 주식시장은 냉정하다. 진심을 갖고 대해도 될까, 말까다. 매일 고속도로를 타고 출퇴근하며, 간혹 새벽 시간임에도 차가 막히는 걸 보면서 놀라곤 한다.

한국 사람들 진짜 부지런하다!

치열한 경쟁 속에서 부지런히 공부하고 투자해도 매번 승리하는 것도 아니다. 당연히 운도 많이 따라야 한다. 다만, 운이란 것도 아무에게나 찾아가는 건 아닌 것 같다. 신은 우리의 삶 중에 몇 번의 기회를 준다고 했다. 그러나 그 기회를 잡는 건 온전히 각 개인의 몫이다.

준비된 자만이 기회를 잡는다. 몇 번 되지 않는 그 기회가 언제 나를, 여러분을 찾아갈지 모른다. 돌아보면 필자도 무너지려면, 망하려면 얼마든지 망할 수도 있었다. 용케 잘 피해왔음에 감사할 뿐이다. 나는 스스로를 행운아라고 생각한다. 마흔 중반까지의 내 삶을 돌아보면 참 많은 행운이 있었다. 차선도 때론 최선이란 생각으로 살아왔고, 행운이 따라주는 인생이었음에 늘 감사하다.

물론, 이 책을 읽는 모든 독자들이 나처럼 5년 안에 몇 십 억씩 큰돈을 벌 수 있을 거라고는 생각하지 않는다. 비록 여러분이 전업투자가가 아니더라도, 주식에 대해 진심이라면, 그리고 끊임없이 탐구하고 노력하면, 누구에게나 기회가 열리고 행운이 기다리는 곳이 주식시장이라는 이야기를 꼭 들려드리고 싶었다.

- 노동으로 벌 수 있는 돈에 비해, 집값이 너무 비싼 현실이다. 열심히 살았는데, 집 한 채 없다고 죄인 아닌 죄인 취급을 받는다.
- 월셋집 벽지에 우리 아이들이 낙서라도 할라치면, '여긴 우리 집 아니니까 그렇게 하면 안 된다'고 소리를 질러놓고, 여기가 왜 우리집이 아니냐고 묻는 딸 앞에서 말문이 막혔다.

나의 무능을 얼마나 원망했는지 모른다. 슬프지만 세상이 바뀌었다. 소아과전문의란 타이틀이 더 이상 미래를 보장하지 못하고 직장인이 평생 월급을 모아 저축해도 내집 한 칸 마련하기 힘든 세상에 우리는 살고 있다. 필자처럼 큰 수익까지는 아니더라도, 오늘도 나의 가족을 위해 열심히 살아가는 이 시대의 가장들에게 주식의 희망을 전달하고 싶었다. 주식투자로 지금보다 한결 더 풍족한 삶을 살 수 있다는 이야기를 공유하고 싶었다. 일천한 필자의 지식과 경험이 독자 여러분에게 조금이라도 도움이 되었기를 진심으로 바란다.

스윙트레이더 성현우

개미 5년, 세후 55억

초판 1쇄 발행 2021년 12월 10일
초판 6쇄 발행 2024년 5월 30일

지은이 | 성현우
펴낸이 | 손선경
펴낸곳 | 모루북스

기획·편집 | 김형석
디자인 | 김윤남

출판등록 | 2020년 3월 17일 제2021-000034호

주   소 | 서울 중구 남대문로9길 24 패스트파이브타워 1026-3호
전   화 | 02) 3494-2945
팩   스 | 02) 6229-2945

ISBN 979-11-970019-3-2 (03320)

출판을 원하시는 분들의 투고와 기획 아이디어를 기다립니다.
moroo_publisher@naver.com